論理国語

学習課題集

JN102816

第一学習社

はしがき

本書は、「論理国語」教科書に完全準拠した学習課題集です。教科書採録の教材について、実際に書き込む作業を通して内容を理解していくことができるようにしました。予習・復習のための自学・自習用のサブノートとしてはもちろん、授業の併用教材としても十分に役立つよう、要点を押さえた編集をしました。

◆本書の構成と内容

本書は、「理解編Ⅰ」「理解編Ⅱ」「表現編」「付録」の四部構成です。また、各教材は、次のような内容から構成されています。

◇教材を学ぶ観点を知る

①学習目標　各教材に設置し、その教材で何を学ぶのかを見通せるようにしました。

②評価の観点　「漢字」や「内容の理解」などコーナーごとに、評価の観点（「知識・技能」「思考力・判断力・表現力」）を置き、身につける内容を示しました。

◇基礎的な力を養い、教材を読解する

③漢字・語句（理解編）、文章構成の型・主な接続の方法と種類（付録）　国語の学習全般で必要な、漢字・語句の読みや意味、文章の構成・接続の種類などを確認できるようにしました。

④論理の把握・要旨　意味段落をベースに、本文

使い方のポイント

理解編

自学自習のためのウェブコンテンツを用意しました。各教材ページと目次に設けた二次元コードを読み込むことで利用できます。
各教材ページ…その教材ごとのコンテンツにジャンプします。
目次ページ…コンテンツの一覧画面にジャンプします。
※利用に際しては、一般に、通信料が発生します。

の内容や論展開、要旨を整理したものを用意しました。要点となる箇所を埋めていく空欄補充形式で、本文全体の構成や展開、内容を把握することができます。

⑤**内容の理解**　客観問題と記述問題とをバランスよく用意し、本文読解にあたって、重要な点を押さえられるようにしました。

◇教科書の学習と関連づける

⑥**帯**　「漢字・語句」の上部に教科書の本文掲載ページ・行を示す帯、「内容の理解」の上部に意味段落を示す帯を付け、教科書と照合しやすくしました。

⑦**脚問・学習**　教科書の「脚問」「学習の手引き」と関連した問いの下部に、アイコン（▼脚問1）を付けました。

◆本書の特色

❶**新傾向問題**　「内容の理解」で、最近の入試傾向をふまえ、会話形式や条件付き記述などの問いを、適宜設定しました。

❷**ウェブコンテンツ**　「理解編」の漢字の設問を、ウェブ上で繰り返し取り組めるように、二次元コードを設置しました。

❸**文章構成の型・主な接続の方法と種類**　文章の構成や、文と文をつなぐ方法について確認できる問題を用意しました。

❹**入試問題に挑戦**　教科書に採録した人物の別文章が取り上げられた入試問題（改題）を用意しました。

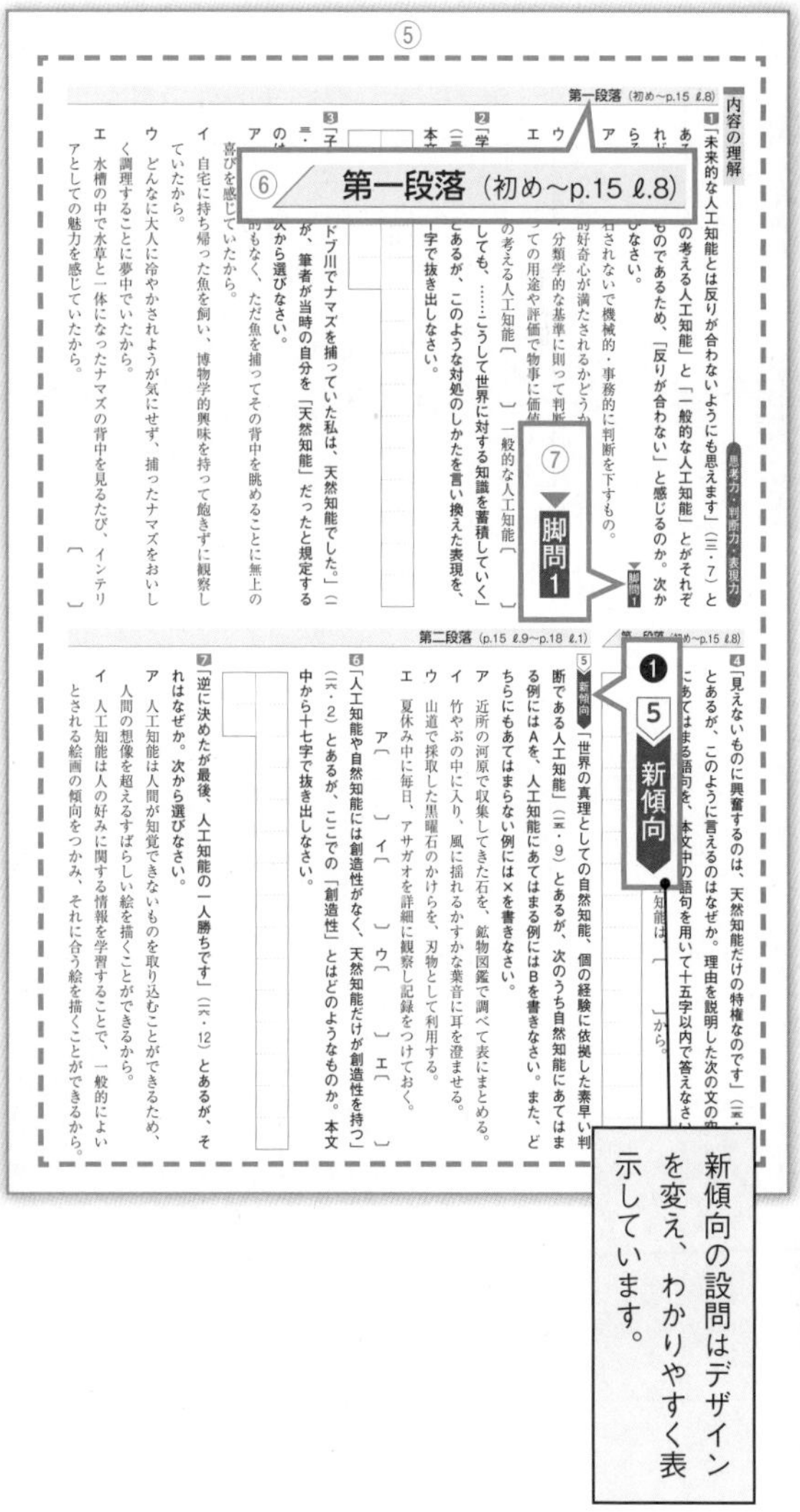

新傾向の設問はデザインを変え、わかりやすく表示しています。

付録

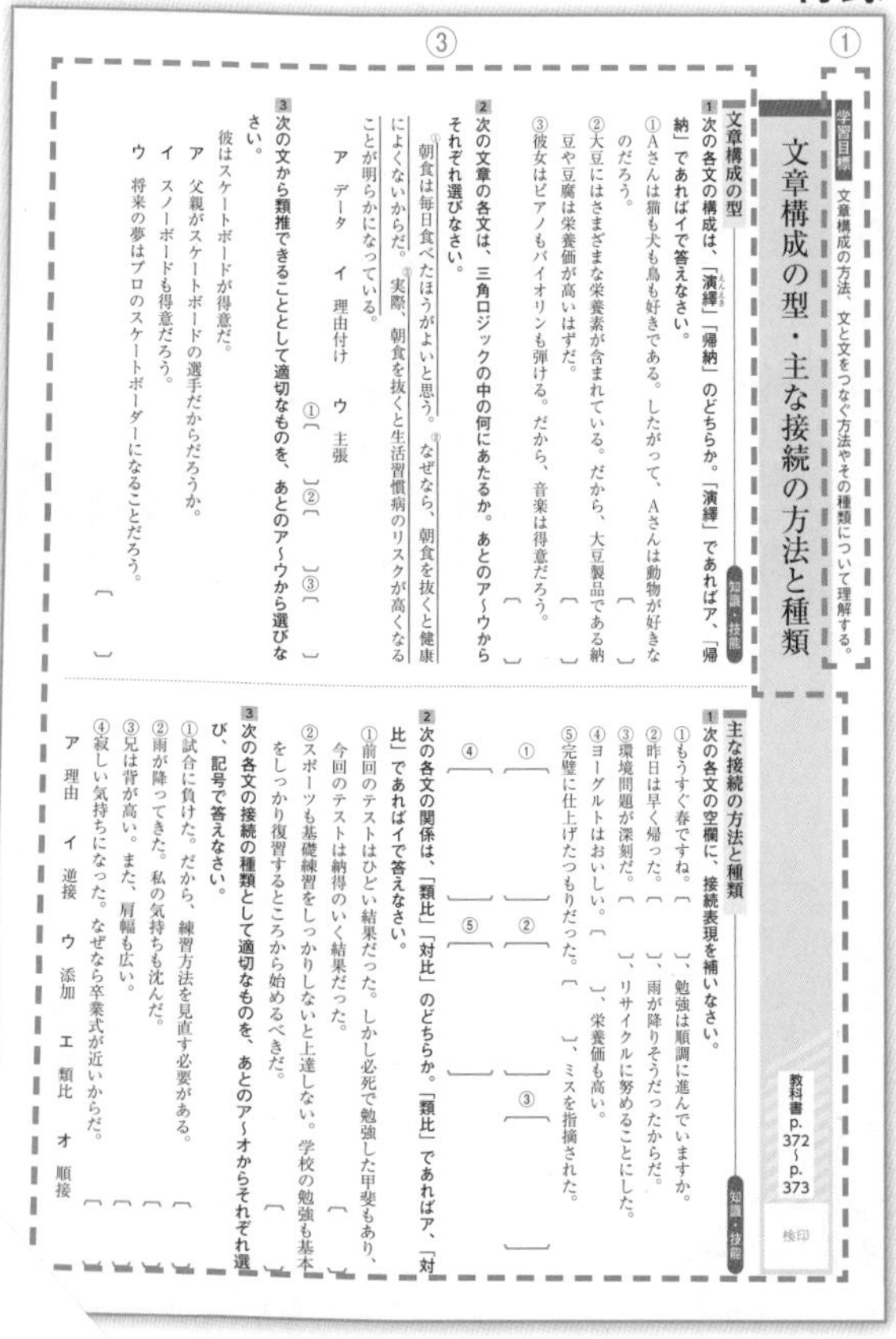

目次

理解編Ⅰ

理解編Ⅱ

プラスウェブ

下にある二次元コードから、ウェブコンテンツの一覧画面に進むことができます。

https://dg-w.jp/b/83b0001

天然知能として生きる（郡司ペギオ幸夫）

学習目標　筆者が提示する世界に対する三つの対処のしかたを整理し、「天然知能」の特徴を読み取る。

教科書p.12～p.20

検印

漢字

1 太字の仮名を漢字に直しなさい。

① 害虫を**くじょ**〔　　〕する。（p.12 ℓ.4）
② **ようと**〔　　〕が規定されている。（p.12 ℓ.5）
③ 自然科学**いっぱん**〔　　〕のこと。（p.13 ℓ.3）
④ 虫や魚に**きょうみ**〔　　〕がある。（p.13 ℓ.5）
⑤ 知識を**こうちく**〔　　〕する。（p.13 ℓ.8）
⑥ 川でフナやドジョウを**と**〔　　〕る。（p.13 ℓ.14）
⑦ **きんりん**〔　　〕にある沼。（p.14 ℓ.1）
⑧ ナマズが**ひそ**〔　　〕んでいる。（p.14 ℓ.5）
⑨ 魚の背中を**なが**〔　　〕める。（p.14 ℓ.7）
⑩ **すばや**〔　　〕い判断をする。（p.15 ℓ.9）
⑪ 世界を**さっしん**〔　　〕する。（p.16 ℓ.4）
⑫ 絵画を**せいさく**〔　　〕する。（p.16 ℓ.8）
⑬ 人を思い**う**〔　　〕かべる。（p.17 ℓ.7）
⑭ **へいぼん**〔　　〕な私たち。（p.17 ℓ.16）
⑮ **まわ**〔　　〕りの目を気にする。（p.18 ℓ.4）
⑯ 自分勝手で**りこ**〔　　〕的だ。（p.18 ℓ.7）
⑰ 人工知能に**まか**〔　　〕せる。（p.19 ℓ.2）

2 太字の漢字の読みを記しなさい。　知識・技能

① 問題に**対処**〔　　〕する。（p.12 ℓ.1）
② **昆虫**〔　　〕少年の思考。（p.13 ℓ.3）
③ 知識を**蓄積**〔　　〕する。（p.13 ℓ.7）
④ **評価軸**〔　　〕が定まらない。（p.13 ℓ.12）
⑤ **恣意**〔　　〕的に対処する。（p.13 ℓ.12）
⑥ **梅雨**〔　　〕の終わり。（p.14 ℓ.1）
⑦ 江戸時代に作られた**堀**〔　　〕。（p.14 ℓ.3）
⑧ **水槽**〔　　〕の中の水草。（p.14 ℓ.11）
⑨ **謎**〔　　〕を知覚する。（p.15 ℓ.5）
⑩ **愚直**〔　　〕な感じがある。（p.15 ℓ.10）
⑪ 無条件で**肯定**〔　　〕する。（p.15 ℓ.12）
⑫ **傾向**〔　　〕を学習する。（p.16 ℓ.10）
⑬ **優劣**〔　　〕を決めない。（p.16 ℓ.12）
⑭ 基準を**与**〔　　〕える。（p.16 ℓ.14）
⑮ **一瞬**〔　　〕で変化する。（p.17 ℓ.6）
⑯ **孤立**〔　　〕している。（p.18 ℓ.12）
⑰ すべてを**考慮**〔　　〕する。（p.19 ℓ.1）

語句　知識・技能

1 次の太字の語句の意味を調べなさい。

① **ひと昔**前の日本ではよく見られた風景。（p.12 ℓ.6）
〔　　〕
② **擬似**的創造性にすぎない。（p.16 ℓ.14）
〔　　〕
③ **時々刻々**と新たなものが創られる。（p.17 ℓ.6）
〔　　〕

2 次の空欄にあとから適語を選んで入れなさい。

① 〔　　〕な指示に現場が混乱する。（p.13 ℓ.12）
② 私の叔父は〔　　〕に明るい人だ。（p.15 ℓ.11）
③ 私たち四人の中では、話術においては彼女の〔　　〕だ。（p.16 ℓ.13）

（場当たり的　一人勝ち　底抜け）

3 次の語句を使って短文を作りなさい。

① 反りが合わない（p.12 ℓ.7）
〔　　〕
② たちどころに（p.16 ℓ.10）
〔　　〕

論理の把握

1 空欄に本文中の語句を入れて、内容を整理しなさい。　思考力・判断力・表現力　▶学習一

第一段落（初め～p.15 ℓ.8）

世界に対する三つの対処のしかた

①「人工知能」…〔　　〕ア にとって有益か有害かの評価のみで決める対処のしかた

②「自然知能」…〔　　〕イ が規定する知能による対処のしかた

③「天然知能」…ただ世界を〔　　〕ウ だけの対処のしかた

＝評価軸が定まっていない、場当たり的、恣意的

子供のころドブ川でナマズを捕っていた私＝〔　　〕エ 知能

天然知能は見えないものに興奮する　⇔　人工知能・自然知能

第二段落（p.15 ℓ.9～p.18 ℓ.1）

天然知能という知性

・底抜けに明るい、楽天的な、〔　　〕オ への無条件の肯定が感じられる

・自分で見ることのできない向こう側＝自分にとっての〔　　〕カ を受け入れる知性

・〔　　〕キ を楽しむことができる知性

→自分が自分らしくあることを肯定できる、唯一の知性

・人工知能や自然知能には創造性がない　⇔　天然知能だけが創造性を持つ

→人工知能や自然知能は、知覚できないものの存在を許容できない

天然知能は、知覚できないものの存在を感じ、それを取り込む

＝自らの世界の〔　　〕ク を変えてしまう

第三段落（p.18 ℓ.2～終わり）

「自分にとっての外部を受け入れ続ける＝創造し続ける」ことは、天然知能の特質

誰かに〔　　〕ケ されることを目的にせず、〔　　〕コ を気にすることもない

◎自分だけにおいて、自分自身として生きること＝自分らしく生きること

筆者の疑問　今までの私たちは、人工知能的知性を人間に課しすぎていたのでは？

↓

筆者の主張　私たちは今こそ、天然知能を〔　　〕サ するべき

要旨

1 空欄に本文中の語句を入れて、全体の要旨を整理しなさい。　思考力・判断力・表現力

世界への対処のしかたには、「〔　　〕ア にとっての」知識世界を構築する対処である人工知能、「〔　　〕イ にとっての」知識世界を構築する対処である自然知能、ただ世界を受け入れるだけの天然知能がある。この中で、〔　　〕ウ できないものを取り込んで自らの世界の成立基盤を変えてしまう天然知能だけが創造性を持ち、自分らしくあることを〔　　〕エ できる。これまで人工知能的知性を人間に課しすぎていたが、今は〔　　〕オ を全面展開するときである。

2 右を参考にして、要旨を百字以内にまとめなさい。

内容の理解

第一段落（初め〜p.15 ℓ.8）

思考力・判断力・表現力

1「未来的な人工知能とは反りが合わないようにも思えます」（三・7）とあるが、「筆者の考える人工知能」と「一般的な人工知能」とがそれぞれどのようなものであるため、「反りが合わない」と感じるのか。次からそれぞれ選びなさい。 脚問1

ア　感情に左右されないで機械的・事務的に判断を下すもの。

イ　自分の知的好奇心が満たされるかどうかで判断を下すもの。

ウ　博物学的・分類学的な基準に則って判断を下すもの。

エ　自分にとっての用途や評価で物事に価値をつけて判断を下すもの。

筆者の考える人工知能〔　　〕　一般的な人工知能〔　　〕

2「学名は無理としても、……こうして世界に対する知識を蓄積していく」（三・5〜7）とあるが、このような対処のしかたを言い換えた表現を、本文中から二十字で抜き出しなさい。

3「子供のころ、ドブ川でナマズを捕っていた私は、天然知能でした。」（三・14）とあるが、筆者が当時の自分を「天然知能」だったと規定するのはなぜか。次から選びなさい。

ア　特定の目的もなく、ただ魚を捕ってその背中を眺めることに無上の喜びを感じていたから。

イ　自宅に持ち帰った魚を飼い、博物学的興味を持って飽きずに観察していたから。

ウ　どんなに大人に冷やかされようが気にせず、捕ったナマズをおいしく調理することに夢中でいたから。

エ　水槽の中で水草と一体になったナマズの背中を見るたび、インテリアとしての魅力を感じていたから。〔　　〕

第一段落（初め〜p.15 ℓ.8）

4「見えないものに興奮するのは、天然知能だけの特権なのです」（五・7）とあるが、このように言えるのはなぜか。理由を説明した次の文の空欄にあてはまる語句を、本文中の語句を用いて十五字以内で答えなさい。

天然知能以外の自然知能や人工知能は、〔　　〕から。

5 新傾向 「世界の真理としての自然知能、個の経験に依拠した素早い判断である人工知能」（五・9）とあるが、次のうち自然知能にあてはまる例にはAを、人工知能にあてはまる例にはBを書きなさい。また、どちらにもあてはまらない例には×を書きなさい。

ア　近所の河原で収集してきた石を、鉱物図鑑で調べて表にまとめる。

イ　竹やぶの中に入り、風に揺れるかすかな葉音に耳を澄ませる。

ウ　山道で採取した黒曜石のかけらを、刃物として利用する。

エ　夏休み中に毎日、アサガオを詳細に観察し記録をつけておく。

ア〔　　〕イ〔　　〕ウ〔　　〕エ〔　　〕

第二段落（p.15 ℓ.9〜p.18 ℓ.1）

6「人工知能や自然知能には創造性がなく、天然知能だけが創造性を持つ」（六・2）とあるが、ここでの「創造性」とはどのようなものか。本文中から十七字で抜き出しなさい。

7「逆に決めたが最後、人工知能の一人勝ちです」（六・12）とあるが、それはなぜか。次から選びなさい。

ア　人工知能は人間が知覚できないものを取り込むことができるため、人間の想像を超えるすばらしい絵を描くことができるから。

イ　人工知能は人の好みに関する情報を学習することで、一般的によいとされる絵画の傾向をつかみ、それに合う絵を描くことができるから。

第二段落（p.15 ℓ.9～p.18 ℓ.1）

ウ　人工知能は人間の感覚とは異なる優劣の基準を持っているため、人間が描くものより技術的に優れた絵を描くことができるから。

エ　人工知能は複数の画家の技術を学習することができるので、一人の人間が描いた絵画より独創性のある絵を描くことができるから。

〔　　〕

8「創造とは、今までなかったものを創ることです」（一七・4）とあるが、「今までなかったものを創ること」を別の言葉で言い換えている部分を、本文中から二十字以内で抜き出しなさい。▼脚問4

9「別にあなたはアーティストでもないだろうし、創造なんて、と思うかもしれません」（一七・4）とあるが、アーティストとアーティストではない人についての筆者の捉え方として適当なものを次から選びなさい。

ア　アーティストは自分の頭の中に存在するイメージを正確に外に出して表現できるが、アーティストではない人は自分の頭の中でイメージを膨らませることしかできない。

イ　アーティストは自分の内なるイメージを外に出して形にすることで創造性を発揮しているが、アーティストではない人はただ毎日を生きるだけで創造性を発揮している。

ウ　アーティストは知覚できない未知の領域への感度が他の人より少し優れているだけで、アーティストではない人もアーティストと同様に外部を受け入れることで創造している。

エ　アーティストだけが頭の中でイメージするものを表現する手段を持っているが、アーティストではない人のほうがアーティスト以上に外部からやってくるものに対して敏感である。

〔　　〕

第三段落（p.18 ℓ.2～終わり）

10「逆です」（一八・8）と筆者が言う理由を説明した次の文の空欄にあてはまる語句を、本文中の語句を用いて二十字程度で答えなさい。▼脚問5

自分らしく生きる者とは、〔　　〕者であり、自分勝手で利己的な存在とは相反するものだと考えているから。

11「周囲を気にせず創造を楽しむ者だけが、他者を受け入れることができる」（一八・8）とあるが、これをより詳しく説明している一文を本文中から抜き出し、初めと終わりの五字で答えなさい。

□～□

12 新傾向　本文の学習を終えた四人の生徒が感想を発表し合っている。筆者の主張に合致した発言をしている生徒をすべて選びなさい。

生徒Ａ：私は、人工知能だけでなく、知覚したものを学術的観点や博学的興味から知識として蓄積していく自然知能にも創造性がないという筆者の意外な指摘に驚かされたなあ。

生徒Ｂ：私は筆者が促すように、自分らしく生きるための第一歩としていつまでも自らの内側に留まって自己満足することをやめ、他者からの評価を受け入れることを心がけるよ。

生徒Ｃ：筆者が、今まで私たちが人工知能的知性を人間に課しすぎてきたことに警鐘を鳴らし、自分らしく生きていくための反省材料にすべきだと言っていることは、とても納得できたよ。

生徒Ｄ：そうだね。だからこそこれからの時代を生きていく私たちとって、人工知能と自然知能と天然知能をバランスよく磨いていくことが必要なんだよね。

生徒〔　　〕

学習目標　言い換えや比喩に注目し、筆者の考える自他の関係性を読み取る。

自他の「間あい」（鷲田清一）

教科書p.22〜p.27

検印

漢字　知識・技能

1 太字の仮名を漢字に直しなさい。

① 強く**ゆ**（　　）さぶられる。（p.22 ℓ.2）
② 自分と他者との**さい**（　　）。（p.22 ℓ.8）
③ ごみの**しゅうせき**（　　）場。（p.23 ℓ.4）
④ 人と**せっしょく**（　　）する。（p.23 ℓ.5）
⑤ **だんりょく**（　　）性のある素材。（p.23 ℓ.7）
⑥ **きんみつ**（　　）に関連している。（p.23 ℓ.14）
⑦ **きょよう**（　　）範囲が広い。（p.23 ℓ.15）
⑧ 荷物をひもで**しば**（　　）る。（p.24 ℓ.4）
⑨ 奥深くに**しんとう**（　　）する。（p.24 ℓ.8）
⑩ 前線から**てったい**（　　）する。（p.24 ℓ.10）
⑪ 感染者を**かくり**（　　）した。（p.24 ℓ.15）
⑫ 生活を**いじ**（　　）する。（p.25 ℓ.11）
⑬ **かんじゃ**（　　）を診察する。（p.26 ℓ.3）
⑭ **やくがら**（　　）を巧みに演じる。（p.26 ℓ.6）
⑮ 質問に**たんてき**（　　）に答える。（p.26 ℓ.7）
⑯ **はいじょ**（　　）される。（p.26 ℓ.12）
⑰ **いしょ**（　　）を残す。（p.26 ℓ.15）

2 太字の漢字の読みを記しなさい。

① 金を**預**（　　）ける。（p.22 ℓ.1）
② ネクタイを**緩**（　　）める。（p.22 ℓ.1）
③ 存在の**輪郭**（　　）。（p.22 ℓ.9）
④ **隙間**（　　）を埋める。（p.23 ℓ.2）
⑤ 国境を**侵犯**（　　）する。（p.23 ℓ.5）
⑥ 常識の**欠如**（　　）。（p.23 ℓ.8）
⑦ 自在に**伸縮**（　　）する。（p.23 ℓ.13）
⑧ **緩衝帯**（　　）を設ける。（p.23 ℓ.13）
⑨ 転身の**契機**（　　）。（p.23 ℓ.14）
⑩ ボルトで**留**（　　）める。（p.23 ℓ.14）
⑪ **剛性**（　　）を確かめる。（p.23 ℓ.16）
⑫ 他者の面前から**逃**（　　）れる。（p.24 ℓ.9）
⑬ **居心地**（　　）が悪い。（p.24 ℓ.10）
⑭ 駅を**経由**（　　）する。（p.24 ℓ.14）
⑮ 堂々**巡**（　　）りに陥る。（p.24 ℓ.16）
⑯ **不可避**（　　）の事態。（p.25 ℓ.6）
⑰ 相互**補完**（　　）的な関係。（p.26 ℓ.5）

語句　知識・技能

1 次の太字の語句の意味を調べなさい。

① **息せき切った**ように話す。（p.23 ℓ.3）
（　　）
② 話し合いは**堂々巡り**に終わった。（p.24 ℓ.16）
（　　）
③ 他人との関係に**齟齬**《そご》が生じる。（p.25 ℓ.4）
（　　）

2 次の語の意味をあとから選んで入れなさい。

① コミュニケーション（　　）（p.22 ℓ.4）
② コンセンサス（　　）（p.22 ℓ.5）
③ アナロジー（　　）（p.24 ℓ.1）
④ アイデンティティ（　　）（p.25 ℓ.15）

（類推　意思伝達　自己同一性　合意）

3 次の語句を使って短文を作りなさい。

① 思いを致す（p.22 ℓ.9）
（　　）
② 間がもてない（p.23 ℓ.8）
（　　）
③ かけがえのない（p.25 ℓ.13）
（　　）

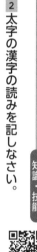

論理の把握

1 空欄に本文中の語句を入れて、内容を整理しなさい。

思考力・判断力・表現力　▼学習一

第一段落（初め～ p.23 ℓ.11）	第二段落（p.23 ℓ.12～p.25 ℓ.5）	第三段落（p.25 ℓ.6～終わり）
「間」とは〔ア　　〕の場ではないだろうか ⇦ コミュニケーションを動機づけるもの…他者とともに存在する〔イ　　〕を感じること ↓自分とは異なる他なる〔ウ　　〕をそこにありありと感受し、他者との〔エ　　〕に思いを致して自分の存在の輪郭を思い知らされることが重要 ＝ 「他」なるものを通した〔オ　　〕の経験として、存在感情の差異を感受すること ⇦ 〈「間」が欠如している場合〉…他者との接触が自己を侵犯してくる〔カ　　〕へと裏返る	なぜ自他の間には「間」が必要となるのか ↓「間」が人の存在にしなやかな〔キ　　〕を与える ⇦ 〈「間」が大きすぎる場合〉…言葉は〔ク　　〕だけのやりとりになる ↓居心地の悪さから自己の〔ケ　　〕へと撤退するが、自己の同一性、自己の〔コ　　〕を得ることはできない	「間あい」は自己の存在感情にとって〔サ　　〕のもの ↓自分の存在を確かなものとして感じ得るには〔シ　　〕の存在が欠かせない ⇦ アイデンティティは他者との関係の中で初めて〔ス　　〕化される ⇦ 人の存在証明＝他人の意識の中で〔セ　　〕し得ないある場所を占めているという実感

要旨

1 空欄に本文中の語句を入れて、全体の要旨を整理しなさい。

思考力・判断力・表現力

他者とともに存在する自分を感じることにコミュニケーションの〔ア　　〕があるとすれば、他者の存在を感受し、他者との〔イ　　〕に思いを致して、自分の存在の輪郭を知ることが重要だ。自己調整の場であり、人の存在にしなやかな〔ウ　　〕を与える「間あい」は、自己の〔エ　　〕にとって不可避のものである。アイデンティティは〔オ　　〕との関係の中で初めて現実化され、他人の意識の中にある〔カ　　〕を占めているという実感が、人の存在証明となる。

2 右を参考にして、要旨を百字以内にまとめなさい。

内容の理解

思考力・判断力・表現力

1 新傾向 **「目の前にいる他者のその他者として自分を感じ」（三・1）るとはどういうことか、四人の生徒が発言している。適切な発言をしている生徒を選びなさい。**

生徒A：自分自身を他人のように遠い存在だと感じることかな。

生徒B：自分と目の前の他者を同一の存在だと感じることだと思ったよ。

生徒C：そうではなくて、他人が自分をどのような存在と見ているかを感じ取ることだと思ったよ。

生徒D：「他者のその他者」だから、自分が他人から疎外されていると感じ取ることだと思うよ。

生徒〔　　〕

2 **「そこ」（三・7）がさす内容を、本文中の語句を用いて四十字以内で説明しなさい。**

3 **「息せき切ったように話しながら、……自分が撒いた言葉の集積の中に閉じこもる。」（三・3〜4）とはどういうことか。次から選びなさい。**

ア 息を切らして懸命に語ることで、語った内容が正当であると相手に思い込ませるということ。

イ 勢いよく言葉を繰り出すことで、自分の考えに賛同するよう相手に強制するということ。

ウ せきを切ったように話し出すことで、相手から発言する機会を奪うということ。

エ 矢継ぎ早に言葉を発することで、相手との意思や感情の交流を遮断するということ。〔　　〕

第一段落（初め〜p.23 ℓ.11）

4 **「自分を支えてくれるはずの他者との接触」（三・4）とは、どのようなものか。説明に当たる部分を第一段落（初め〜三・11）から抜き出し、初めと終わりの五字で答えなさい。（記号を字数に含める）**

〜

5 **「鉋くずの間に卵を並べた箱を想像してみよう。」（三・6）について、次の問いに答えなさい。**

(1)「鉋くず」と「卵」はそれぞれ何をたとえているのか。本文中から抜き出しなさい。

鉋くず〔　　〕　卵〔　　〕

(2)筆者はこの比喩を用いることで、どのようなことを示そうとしているのか。次から選びなさい。

ア 人間が持つしなりやたわみといった強さ

イ 「間」があることの意義

ウ 人それぞれの微妙でありながら深い差異

エ 他者と接触することの弊害 〔　　〕

第二段落（p.23 ℓ.12〜p.25 ℓ.5）

6 **「『間』というものが自他の間には必要となる」（三・12）のはなぜか。次から選びなさい。** 脚問2

ア あそびの間がないところでは、他者との間に齟齬が生じる余地がないため、人間関係に必要な微動や揺らぎが起こらないから。

イ 伸縮性に富んだ、クッションのような緩衝帯があることによって、人の柔性が鍛えられて他者との間柄にひびが入りにくくなるから。

ウ 他者との関係に何らかのひずみが生じても、そのダメージを緩和するような間があれば、人は自己の存在を保っていられるから。

エ 自他の間に隙間がないと、わずかな自分の揺らぎやためらいも相手に伝わってしまい、排除の対象にされるおそれがあるから。〔　　〕

第二段落（p.23 ℓ.12〜p.25 ℓ.5）

7 **「自らの尾を呑み込み続けるウロボロスの蛇のようなグロテスクな形でしか、自分に関われなくなる」（二四・16）とは、どういうことをたとえているのか。次から選びなさい。**

ア　自分を自らの内に探し求めるという終わりのない行為は、一種異様な「自己」のあり方を示しているということ。

イ　他者から隔離されたところに閉じこもっていると、いずれは奇怪な形の「自己」を発見してしまうということ。

ウ　「自己」を求めて見当違いの場所を探すうちに、ますます「自己」と自分自身とが不自然に離れていくということ。

エ　自分の中に「自己」を探し求めるという行為に対して、周囲の他者は不気味な印象を抱くということ。

〔　　〕

第三段落（p.25 ℓ.6〜終わり）

8 **「わたしが誰であるかということ——わたしのアイデンティティ……は他者との関係の中で初めて現実化される。」（二五・15〜二六・2）について、次の問いに答えなさい。**

(1)「アイデンティティ」と同じ意味で用いられている表現を、本文中から六字と七字で二か所抜き出しなさい。 ▼学習三

(2) ここでの「他者」とはどのような存在のことか。第三段落（二五・6〜終わり）から十五字以内で抜き出しなさい。（記号を字数に含める）

9 **「教師としての、あるいは医師、看護師としての同一性は、……相互補完的なものである。」（二六・3〜5）とはどういうことか。次から選びなさい。**

ア　それぞれが自分の役柄を演じていれば、全体として過不足のない状態が生まれるということ。

イ　相手の不足を埋め合わせることで、初めて自分のアイデンティティを確認できるということ。

ウ　何かを完全なものにするために結託することで、人は社会的な存在になるということ。

エ　それぞれが相手を補うことで、互いの役柄の同一性が成立しているということ。

〔　　〕

第三段落（p.25 ℓ.6〜終わり）

10 **「人は『誰もわたしに話しかけてくれない』という遺書を残して自殺することだってある」（二六・15）について、次の問いに答えなさい。** ▼脚問5

(1)『誰もわたしに話しかけてくれない』とはどういう状態を表現しているのか。二十五字以内で説明しなさい。

(2) ここからどのようなことが読み取れるか。次から選びなさい。

ア　人が他者との共同生活を維持していくためには、他者と良好な関係を築くことが不可欠であるということ。

イ　人が自分自身を確かなものとして感じるためには、自分は他者にとって意味ある存在なのだという実感が必要だということ。

ウ　人は他者との関係の中で何かしらの役割を担っていて、それを無視されると自らの特異性を保つことができないということ。

エ　人は他者からの愛情の宛て先になることでしか、自己の存在の意味を確認することができないということ。

〔　　〕

学習目標　具体例と主張との関連を整理し、筆者が主張する日本語の特徴を読み取る。

「私」中心の日本語（森田良行）

教科書p.30～p.35

検印

漢字

1 太字の仮名を漢字に直しなさい。

①（p.30 ℓ.6）驚いて**こし**〔　　〕を抜かす。
②（p.30 ℓ.9）自分を取り**ま**〔　　〕く対象。
③（p.30 ℓ.9）状況を**はあく**〔　　〕する。
④（p.31 ℓ.3）己を中心に**す**〔　　〕える。
⑤（p.31 ℓ.12）**ちょうてい**〔　　〕に仕える。
⑥（p.31 ℓ.12）国家を**とうち**〔　　〕する。
⑦（p.31 ℓ.13）政府の**こうしょく**〔　　〕に就く。
⑧（p.32 ℓ.2）味の**こ**〔　　〕い料理。
⑨（p.32 ℓ.15）**しんけいしつ**〔　　〕な人。
⑩（p.33 ℓ.2）**どろぼう**〔　　〕に入られる。
⑪（p.33 ℓ.2）周囲を**けいかい**〔　　〕する。
⑫（p.33 ℓ.3）**いんがおうほう**〔　　〕だ。
⑬（p.33 ℓ.4）新たな思想が**めば**〔　　〕える。
⑭（p.33 ℓ.12）現代社会を**ひにく**〔　　〕る。
⑮（p.34 ℓ.2）**はくじょう**〔　　〕な仕打ち。
⑯（p.34 ℓ.6）裏方に**てっ**〔　　〕する。
⑰（p.34 ℓ.8）日本語の**ふくごう**〔　　〕語。

2 太字の漢字の読みを記しなさい。　知識・技能

①（p.30 ℓ.3）別の問題が**派生**〔　　〕する。
②（p.30 ℓ.4）**拙者**〔　　〕について参れ。
③（p.30 ℓ.6）**語彙**〔　　〕が豊富だ。
④（p.30 ℓ.8）**己**〔　　〕の本分を尽くす。
⑤（p.31 ℓ.6）事実に**基**〔　　〕づく。
⑥（p.31 ℓ.16）他人に**囲**〔　　〕まれる。
⑦（p.32 ℓ.5）**大勢**〔　　〕の観客。
⑧（p.32 ℓ.12）**外聞**〔　　〕が悪い。
⑨（p.32 ℓ.14）人前を**繕**〔　　〕う。
⑩（p.32 ℓ.14）**急場**〔　　〕を切り抜ける。
⑪（p.33 ℓ.3）人を**呪**〔　　〕わば穴二つ。
⑫（p.33 ℓ.6）短所を**改**〔　　〕める。
⑬（p.33 ℓ.7）**戒**〔　　〕めの言葉。
⑭（p.33 ℓ.12）**嫌味**〔　　〕を言う。
⑮（p.33 ℓ.13）**当意即妙**〔　　〕。
⑯（p.34 ℓ.4）**相撲**〔　　〕をとる。
⑰（p.34 ℓ.6）人を**担**〔　　〕ぐ。

語句　知識・技能

1 次の太字の語句の意味を調べなさい。

①（p.32 ℓ.7）非常識な振る舞いをして人の**顰蹙**《ひんしゅく》**を買う**。
〔　　〕
②（p.33 ℓ.4）**一蓮托生**《いちれんたくしょう》の運命だ。
〔　　〕
③（p.34 ℓ.4）**人の褌**《ふんどし》**で相撲をとる**ようなやり方だ。
〔　　〕

2 それぞれの意味に合うように、次の空欄にあとから適語を選んで入れなさい。

①（p.32 ℓ.10）人目に〔　　〕
（様子や行いが目立って他人を不快にさせる。）
②（p.32 ℓ.10）人目が〔　　〕
（他人に見られると厄介だ。）
③（p.32 ℓ.11）人目を〔　　〕
（他人に見られないようにこっそりと行う。）
（盗む　奪う　うるさい　立つ　余る）

3 次の語句を使って短文を作りなさい。

①（p.32 ℓ.7）人聞きが悪い
〔　　〕
②（p.34 ℓ.4）人を食う
〔　　〕

論理の把握

1 空欄に本文中の語句を入れて、内容を整理しなさい。　思考力・判断力・表現力　▼学習一

第一段落（初め〜p.30 ℓ.7）

話題の提示

日本語において〔ア　　〕に関する語彙が豊かなのはなぜか

第二段落（p.30 ℓ.8〜p.32 ℓ.3）

日本人は話者自身をさす「私」の〔イ　　〕で周りの事物や人物を捉える

⇦

古代社会
- 「私」とは「〔ウ　　〕」に対する概念
- 〔エ　　〕を中心に据えたうえでの〝他人との関係〟として社会を捉える

※今日の「世の中はそう甘くはない」「世間様に笑われる」といった表現にも同様の意味合い

⇦

日本語＝きわめて「〔オ　　〕」中心の世界観の言語

→「私」は「公」の中の一員ではなく、周りの人々を他人として〔カ　　〕的に把握する主体

→日本語の「私」は〝その当人個人〟を、「人」は私から見た〝他人〟を意味する

第三段落（p.32 ℓ.4〜p.34 ℓ.2）

自分を取り巻く生活圏の周囲の人々＝「世間」「世間様」「〔キ　　〕」＝他人の意味

⇦

「人目」「人聞き」「人前」などの表現

＝
- ・他人に見られていることへの神経質なまでの意識、〔ク　　〕的な態度
- ・自分が周囲の人々の目をたえず気にする〔ケ　　〕の視点

→「人」を用いた、自分と他人にまつわるさまざまなことわざなどが生まれた

第四段落（p.34 ℓ.3〜終わり）

結論

日本語の「人」＝ほとんどが〝己の目で捉える〔コ　　〕〟の意味

→その対象たる人物を見る〝〔サ　　〕〟が常につきまとっている

要旨

1 空欄に本文中の語句を入れて、全体の要旨を整理しなさい。　思考力・判断力・表現力

古来日本人は、常に〔ア　　〕との関係で自分を取り巻く対象を把握してきた。したがって日本語は、きわめて「〔イ　　〕」中心の世界観の言語だと言うべきである。社会や世の中を「私」と〔ウ　　〕する相手と見なす日本人にとって、「人」とは己の目で捉える〔エ　　〕を意味し、「人」を含む多くの表現に、他人の目をたえず気にする〔オ　　〕の視点が現れている。日本語の「人」には、その対象たる人物を見る〝〔カ　　〕〟が常につきまとっているのである。

2 右を参考にして、要旨を百字以内にまとめなさい。

内容の理解

思考力・判断力・表現力

第一段落（初め～p.30 ℓ.7）

1 日本語の人称代名詞を、人称ごとにそれぞれ一つずつ答えなさい。ただし、本文中にあげられているものは除く。

一人称〔　　〕
二人称〔　　〕
三人称〔　　〕

第二段落（p.30 ℓ.8～p.32 ℓ.3）

2 「この『世の中』とほぼ同じ意味」（三一・7）とはどのような意味か。次から選びなさい。

ア　自分の境涯や人生という意味。
イ　自分が帰属する組織や集団という意味。
ウ　自分を取り巻く他者との関係という意味。
エ　自分の周囲のドライで抽象的な社会という意味。

〔　　〕

3 「『私』中心の世界観」（三一・11）とはどのような捉え方のことか。説明に当たる部分を、解答欄に合うように本文中から二十五字以内で抜き出しなさい。

という捉え方。

4 「私」と「公」は、今日ではどのような意味を持っているのか。次から選びなさい。　▼学習二

ア　「公」は「私」の周囲の事物や人物を意味し、「私」は「公」を形づくる一員を意味する。
イ　「公」は自己を離れた抽象的な存在を意味し、「私」は自己に直結する具体的な個人を意味する。
ウ　「公」は天皇や朝廷を意味し、「私」は「公」に仕える臣下を意味する。
エ　「公」は社会や世の中の人々を意味し、「私」は「公」を対立的に捉える主体を意味する。

〔　　〕

5 「きわめて受動的な態度」（三二・16）とあるが、筆者は何にこのような態度を見いだしているのか。本文中の語句を用いて、四十五字以内で具体的に説明しなさい。

第三段落（p.32 ℓ.4～p.34 ℓ.2）

6 「人はいさ心も知らずふるさとは花ぞ昔の香に匂ひける」（三三・10）について、次の問いに答えなさい。

(1) この和歌に取り上げられている「心」とは、どのような人の「心」だと筆者は解釈しているか。本文中から抜き出して答えなさい。

〔　　〕

(2) 筆者はなぜこの和歌をここに引用したのか。解答欄の形式に合うように、本文中から三十字以内で抜き出しなさい。

であるという筆者の主張を補強する具体例を示すため。

第三段落（p.32 ℓ.4～p.34 ℓ.2）

7「当意即妙にやり返した」（三二・13）とはどういうことか。次から選びなさい。

ア　話題をそらして、不平を言う宿の主人を巧みに言いくるめたということ。
イ　宿の主人の当てこすりに対して、機転を利かせて応酬したということ。
ウ　とっさに口から出まかせを言って、宿の主人の追及をかわしたということ。
エ　宿の主人の無礼な態度を、気の利いた言い回しでたしなめたということ。

〔　　〕

第四段落（p.34 ℓ.3～終わり）

8 新傾向 「日本語の『人』はほとんどが〝己の目で捉える他人〟の意味」（三四・3）だとあるが、これにあてはまらない「人」の用例を次からすべて選びなさい。

ア　これは人任せにできない類の仕事だ。
イ　お茶を飲みほすとようやく人心地がついた。
ウ　悔しさのあまり人知れず涙を流す。
エ　旧友の消息を人づてに聞く。

〔　　〕

9「人を立てる」（三四・5）、「人を担ぐ」（三四・6）の意味を、それぞれ二つずつ答えなさい。

人を立てる
〔　・　〕
〔　・　〕

人を担ぐ
〔　・　〕
〔　・　〕

第四段落（p.34 ℓ.3～終わり）

10「日本語の『人』には、……〝人の目〟が常につきまとっている」（三四・8～9）とあるが、筆者がこのように述べる背景には日本人のどのような性質があるのか。本文中の語句を用いて、解答欄に合うように四十五字以内で説明しなさい。 学習四

という性質。

全体

11 本文の内容に合致するものを次から選びなさい。

ア　日本人は、自分の生活圏の周囲の人々とは基本的に敵対関係にあるため、日本語の人称に関する語彙が豊かになった。
イ　日本人は、自己の視点を離れて社会を把握することができないため、私から見た〝他人〟の持つ視点を想像することが困難である。
ウ　「世間」対「己」の関係を前提として〝他人〟の目を気にする態度が、一蓮托生の思想や自己への戒めをこめた多様な表現を生んだ。
エ　「人」という語が言葉本来の意味を離れて多用された結果、「人を食った話」など一見して意味の通じない表現が生まれてしまった。

〔　　〕

学習目標 西洋と日本の「自然」を対比的に捉え、「日本の自然」についての筆者の考えを読み取る。

日本人の「自然」（木村敏）

教科書p.37～p.45

検印

漢字

1 太字の仮名を漢字に直しなさい。

- p.37 ℓ.10 ① **ていこう**〔　〕を感じる言い方。
- p.38 ℓ.7 ② 生まれ**こきょう**〔　〕を思う。
- ℓ.8 ③ 政界と財界との**ゆちゃく**〔　〕。
- ℓ.14 ④ 資金調達に**くしん**〔　〕する。
- p.39 ℓ.14 ⑤ **ねんぱい**〔　〕の男性。
- p.40 ℓ.3 ⑥ **ふりょ**〔　〕の事故に遭う。
- ℓ.6 ⑦ **てんねん**〔　〕の温泉に入る。
- ℓ.10 ⑧ 古文を**かいしゃく**〔　〕する。
- p.41 ℓ.3 ⑨ 万難を**はい**〔　〕して遂行する。
- ℓ.11 ⑩ 理論を**じっせん**〔　〕に移す。
- ℓ.15 ⑪ **いっかつ**〔　〕して購入する。
- p.42 ℓ.6 ⑫ 私たちの**そせん**〔　〕。
- ℓ.9 ⑬ **ふそく**〔　〕の事態に備える。
- p.43 ℓ.3 ⑭ 左右**たいしょう**〔　〕の図形。
- ℓ.3 ⑮ **そうしょく**〔　〕を施す。
- ℓ.11 ⑯ **えいびん**〔　〕に感じ取る。
- p.44 ℓ.2 ⑰ **そくばく**〔　〕を逃れる。

2 太字の漢字の読みを記しなさい。　知識・技能

- p.37 ℓ.6 ① 細かい**粒子**〔　〕。
- ℓ.8 ② **人為**〔　〕的な環境。
- p.38 ℓ.13 ③ 和文と英文を**併記**〔　〕する。
- p.39 ℓ.3 ④ **錦**〔　〕をまとう。
- ℓ.11 ⑤ **如来**〔　〕を拝む。
- p.40 ℓ.15 ⑥ **元来**〔　〕体は丈夫だ。
- ℓ.16 ⑦ 本質的な**相違**〔　〕。
- p.41 ℓ.3 ⑧ **恣意**〔　〕に任せた判断。
- ℓ.4 ⑨ 見解の**一致**〔　〕をみる。
- ℓ.7 ⑩ 人知を**超越**〔　〕する。
- ℓ.13 ⑪ 広く**包摂**〔　〕する。
- ℓ.16 ⑫ 主観的**情態**〔　〕性。
- p.42 ℓ.6 ⑬ 日本人の**無常**〔　〕観。
- ℓ.14 ⑭ 発言を**促**〔　〕す。
- p.43 ℓ.4 ⑮ 倹約を**旨**〔　〕とする。
- ℓ.13 ⑯ 現実味を**帯**〔　〕びる。
- ℓ.14 ⑰ 皆**一様**〔　〕にうなずく。

語句

1 次の太字の語句の意味を調べなさい。　知識・技能

- p.41 ℓ.3 ① 内なる主体的自己に対して外部から**対峙**《たいじ》する。
〔　〕
- p.42 ℓ.12 ② 前代未聞の**椿事**《ちんじ》だ。
〔　〕

2 次の語句の対義語を書きなさい。

- p.40 ℓ.8 ① 偶然 ↔ 〔　〕
- p.43 ℓ.13 ② 私的 ↔ 〔　〕
- ℓ.13 ③ 閉鎖 ↔ 〔　〕

3 次の語句を使って短文を作りなさい。

- p.40 ℓ.12 ① 左右する
〔　〕
- p.41 ℓ.6 ② 趣を異にする
〔　〕
- p.43 ℓ.4 ③ 旨とする
〔　〕

論理の把握

思考力・判断力・表現力　▼学習一

1 空欄に本文中の語句を入れて、内容を整理しなさい。

第一段落（初め〜 p.38 ℓ.3）	「自然」という言葉…今日では英語の nature と同じ意味に解している ＝人間を取り囲む環境から人為的なものを引いた〔ア　　〕のこと ⇦ 「自然」という言葉を〔イ　　〕として用いることにいささかの抵抗も感じなくなっている
第二段落（p.38 ℓ.4〜p.41 ℓ.1）	「自然」は西洋語の訳語になる以前から日本に定着し、中国ではさらに古い〔ウ　　〕を持つ ＊「自然」の古い用例にみる「非名詞性」 ①『老子』…of itself（おのずから、ひとりでに）というあり方を示す ②『万葉集』…「おのずから」という古来の日本語を表記する文字に当てられる ③「自然法爾」…「人為の加わらないままに、おのずからそうなっていること」を示す ④中世の軍記物等…「万一、もしも、不慮のこと」＝「おのずから」の〔エ　　〕
第三段落（p.41 ℓ.2〜p.42 ℓ.16）	古来の日本語…西洋のように客観的・超越的な対象一般としての「自然」を表す名詞がない →自然のひとこまひとこまを、「自然さ」という〔オ　　〕において自らの心で感じ取る →人為的なはからいの及ばない事態に対する不安の情態性が強調されたのが④の用法 ⇦ 〈対比〉西洋の自然…人間の心に安らぎを与え、〔カ　　〕を解除するようにはたらく 日本の自然…自己の一種の緊張感において成立している
第四段落（p.43 ℓ.1〜p.43 ℓ.13）	〈対比〉イギリス式庭園…〔キ　　〕の人々のために手軽な代用的自然を提供する「公園」 日本の庭園…鑑賞能力を有する〔ク　　〕の人のための私的・閉鎖的な芸術作品
第五段落（p.43 ℓ.14〜終わり）	〈対比〉西洋の自然…誰にとっても一様に自然であり、人間一般に対しての〔ケ　　〕実在 日本の自然…自己がその心の動きを集中性と自在性において感じ取っている事態、そのような事態を出現させる〔コ　　〕となっている事物

要旨

思考力・判断力・表現力

1 空欄に本文中の語句を入れて、全体の要旨を整理しなさい。

今日「自然」という言葉は、人間の周囲の環境から〔ア　　〕的なものを引いた余りをさす名詞として用いられる。しかし、元来は「おのずから」という〔イ　　〕性を表して、述語的に自己の心の動きを巻き込んだあり方を示す語だった。西洋の自然が〔ウ　　〕に対する外的実在であるのとは違い、日本の自然は、自己がその心の動きを〔エ　　〕性と自在性において感じ取っている事態、あるいはそのような事態を出現させる契機となっている〔オ　　〕を意味する。

2 右を参考にして、要旨を百字以内にまとめなさい。

内容の理解

思考力・判断力・表現力

第一段落

1 「自然というもの」（三八・2）とはどういうもののことか。説明に当たる部分を本文中から四十五字以内で抜き出し、初めと終わりの五字で答えなさい。 ▼学習二

〜

第二段落 (p.38 ℓ.4〜p.41 ℓ.1)

2 「西洋語の『自然』と癒着する」（三八・8）とはどういうことか。本文中の語句を用いて、わかりやすく説明しなさい。 ▼脚問1

3 「ウェイリーという人の苦心の訳語」（三八・13）をふまえた「道は自然に法る」（同・12）の解釈を次から選びなさい。

ア 道はもともと自然界の事物の支配下にあるということ。
イ 道は人の手が及ばない場所を手本とするということ。
ウ 道は山や川の中にひとりでに生まれるということ。
エ 道はおのずからあるべき姿に従うということ。 〔　〕

4 「自然成れる錦を張れる山」（三九・3）とはどのような山のありさまを言っているのか。二十五字以内で説明しなさい。

5 「これ」（四〇・13）の指示内容を次から選びなさい。

ア 「自然」を「じねん」と呉音読みにした場合と「しぜん」と漢音読みにした場合とで生じる意味の違い。
イ 「自然」を「万一、もしも、不慮のこと」の意味に用いるという非常に独特の用法。
ウ 「万一のこと」の意味で用いられた「自然」は常に「不慮の戦死」を示していたという解釈。
エ 乱世において戦う者としての武士は死するのが当然であったという時代背景。 〔　〕

第二段落 (p.38 ℓ.4〜p.41 ℓ.1)

6 「『老子』」（三八・11）や「『万葉集』」（三九・2）、「親鸞の『自然法爾』」（同・9）の例は、どのようなことを示すために取り上げられているのか。本文中の語句を用いて四十五字以内で説明しなさい。

第三段落 (p.41 ℓ.2〜p.42 ℓ.16)

7 「古来の日本語が、こういった客観的・超越的な対象一般としての『自然』を表現する名詞を持っていなかったということ」（四一・7）は何を意味するのか。次から選びなさい。

ア 山や川や草木を包摂する客体的総称名詞を形成し得なかった日本人は、西洋人に比べて合理性や客観性に欠けるということ。
イ 日本人は、自然の個物を普遍的対象概念によって一括せず、自己の内面的な心の動きにおいて自然さを感じ取ってきたということ。
ウ 日本人にとって、自然とは実践的行為の対象にすぎず、自然が人為を超えた存在だという認識はなかったということ。
エ 自然を、内なる主体に外部から対峙するものと捉える日本人にとって、「自然一般」という対象世界は存在しなかったということ。 〔　〕

第三段落 (p.41 ℓ.2〜p.42 ℓ.16)

8 「『自然さ』という情感」(四一・16)を具体的に説明した部分を、本文中から十字で抜き出しなさい。

9 「自然を『あはれ』と感じ、そこに無常を見て取っていた。」(四二・6)とはどういうことか。次から選びなさい。

ア 自然のひとこまひとこまに深い情趣を感じ、花鳥山水に比べて人の世があまりにもはかないことを実感していたということ。

イ 自然のひとこまひとこまに強い感動を覚え、花鳥山水と一体化して世俗を超越した人間のあり方を直観していたということ。

ウ 自然のひとこまひとこまにしみじみと心打たれ、万物は少しの間も同じ状態にとどまらないことを感じ取っていたということ。

エ 自然のひとこまひとこまにふびんさを感じ、あらゆるものはいずれ必ず死に向かうのだと悟っていたということ。

〔　　〕

第四段落 (p.43 ℓ.1〜ℓ.13)

10 「この対比」(四三・1)とは何と何の対比か。次から選びなさい。

ア 人に安らぎを与える西洋の自然と、緊張感とともにある日本の自然。

イ 死を不自然なものとして考える西洋人と、自然なものとして考える日本人。

ウ 自然の摂理に反した事柄を拒絶する西洋人と、ありのままに受容する日本人。

エ 実体として捉えられる西洋の自然と、存在しないものとして捉えられる日本の自然。

〔　　〕

11 「イギリス式庭園が自然に対して……日本の庭園は自然に対して表意的である。」(四三・8〜9)について、次の問いに答えなさい。

(1) 「自然に対して写実的である」ことを具体的に言い換えた部分を、本文中から三十字以内で抜き出しなさい。(句読点は含まない)

第四段落 (p.43 ℓ.1〜ℓ.13)

(2) (1)のような特徴を持つ「イギリス式庭園」を端的に表現した部分を、本文中から十字以内で抜き出しなさい。

(3) 「自然に対して表意的」な日本の庭園は、どのような人のために作られるのか。本文中の語句を用いて三十五字以内で説明しなさい。 ▼脚問4

全体

12 本文の内容に合致しないものを次から選びなさい。

ア 現代の日本人は、動植物や気象、天体などをさして「自然」と呼ぶことに何の抵抗もないが、年輩の人の間では「自然」を「じねん」と呉音読みにして、日本古来の意味に用いることがある。

イ 西洋では、人力で左右できない自然の超人為性も客観的な規則性として捉えられており、日本語の「自然」が時に「不測の偶発事」を意味するなどということは西洋人には受け入れがたい。

ウ 日本の庭園は、狭い空間に技巧を凝らして象徴的に石や砂を配置する点において人為の極致と言うことができるため、写実的なイギリス式庭園よりも人工的装飾を施したフランス式庭園に近い。

エ 西洋の自然は人間一般に対しての外的実在を意味する名詞的なものだが、日本の自然は、自己の心の動きを集中しつつも自在に感じ取っているというあり方を述語的に示している。

〔　　〕

学習目標　筆者の表現の特徴を整理し、ミロのビーナスの「手」をめぐる筆者の思考を捉える。

手の変幻（清岡卓行）

教科書p.48～p.54

検印

漢字

1 太字の仮名を漢字に直しなさい。

① 石像を**なが**〔　〕める。（p.48 ℓ.1）
② **びみょう**〔　〕な違い。（p.48 ℓ.3）
③ 島で**はっくつ**〔　〕された。（p.48 ℓ.6）
④ 特殊から**ふへん**〔　〕への跳躍。（p.48 ℓ.11）
⑤ 権利を**ほうき**〔　〕する。（p.50 ℓ.1）
⑥ **ぐうぜん**〔　〕の出来事。（p.50 ℓ.1）
⑦ **ぎゃくせつ**〔　〕を弄する。（p.50 ℓ.2）
⑧ AとBとの**がっち**〔　〕を示す。（p.50 ℓ.3）
⑨ 客観的に**すいてい**〔　〕される。（p.51 ℓ.2）
⑩ 手のひらの上に**の**〔　〕せる。（p.51 ℓ.11）
⑪ **じっしょう**〔　〕的な復元案。（p.51 ℓ.16）
⑫ 両腕とも**そこ**〔　〕なわれる。（p.52 ℓ.11）
⑬ 生命の**かがや**〔　〕き。（p.52 ℓ.11）
⑭ **しょうちょう**〔　〕的な意味。（p.52 ℓ.15）
⑮ **こんげん**〔　〕的な問題。（p.53 ℓ.1）
⑯ わかりやすく言い**か**〔　〕える。（p.53 ℓ.3）
⑰ 関係を**ばいかい**〔　〕する。（p.53 ℓ.4）

2 太字の漢字の読みを記しなさい。　知識・技能

① **生臭**〔　〕い秘密の場所。（p.48 ℓ.8）
② 時代を**超**〔　〕えていく。（p.48 ℓ.10）
③ 巧まざる**跳躍**〔　〕。（p.48 ℓ.11）
④ **均整**〔　〕のとれた体。（p.50 ℓ.6）
⑤ 神秘的な**雰囲気**〔　〕。（p.50 ℓ.7）
⑥ **心象**〔　〕的な表現。（p.50 ℓ.10）
⑦ 彼の発言に**困惑**〔　〕する。（p.51 ℓ.3）
⑧ **盾**〔　〕を持っている。（p.51 ℓ.12）
⑨ 羞恥の**姿態**〔　〕を示す。（p.51 ℓ.14）
⑩ 恐怖に**襲**〔　〕われる。（p.52 ℓ.2）
⑪ 原形を**否認**〔　〕する。（p.52 ℓ.5）
⑫ 食費を切り**詰**〔　〕める。（p.52 ℓ.14）
⑬ 千変**万化**〔　〕する。（p.53 ℓ.3）
⑭ 文学者の**述懐**〔　〕。（p.53 ℓ.6）
⑮ **厳粛**〔　〕な響き。（p.53 ℓ.7）
⑯ 運命を**担**〔　〕う。（p.53 ℓ.8）
⑰ 夢を**奏**〔　〕でる。（p.53 ℓ.10）

語句

1 次の太字の語句の意味を調べなさい。　知識・技能

① 制作者の**あずかり知らぬ**何物か。（p.48 ℓ.3）
〔　〕
② 部分的な**具象**。（p.50 ℓ.1）
〔　〕
③ **おびただしい**夢をはらむ。（p.51 ℓ.8）
〔　〕
④ **変幻自在**な動き。（p.52 ℓ.11）
〔　〕
⑤ ある文学者の**述懐**。（p.53 ℓ.6）
〔　〕

2 次の語句の対義語を漢字で答えなさい。

① 具象 ↔〔　〕（p.50 ℓ.1）
② 客観的 ↔〔　〕（p.51 ℓ.2）
③ 否認 ↔〔　〕（p.52 ℓ.5）

3 次の語句を使って短文を作りなさい。

① もたらされる（p.50 ℓ.10）
〔　〕

論理の把握

1 空欄に本文中の語句を入れて、内容を整理しなさい。 思考力・判断力・表現力 ▼学習一

第一段落（初め〜 p.50 ℓ.14）	第二段落（p.50 ℓ.15〜p.52 ℓ.6）	第三段落（p.52 ℓ.7〜終わり）
ミロのビーナスは魅惑的である ←〔ア　　〕を失っている →特殊から〔イ　　〕への巧まざる跳躍 →〔ウ　　〕への偶然の肉薄＝微妙な〔エ　　〕への羽ばたき →生命の多様な〔オ　　〕の夢＝存在すべき無数の美しい腕への〔カ　　〕	失われた〔キ　　〕の復元案はグロテスク ←表現における〔ク　　〕の変化ではなく〔ケ　　〕の変化＝表現の次元が異なる 両腕のないビーナス：おびただしい夢をはらんでいる〔コ　　〕 ↕ 両腕のあるビーナス：限定されてあるところのなんらかの〔サ　　〕 〔シ　　〕こと以上の美しさを生み出すことができない	失われているものは〔ス　　〕でなければならない 〈理由〉手は人間存在における〔セ　　〕な意味を表しているから 実体と象徴のある程度の合致 ―世界との〔ソ　　〕の手段 ―世界との〔タ　　〕を媒介するもの ―世界との関係の原則的な方式そのもの 手＝〔チ　　〕的 〔ツ　　〕の喪失によって、あらゆる手への夢を奏でる →《不思議な〔テ　　〕》

要旨

1 空欄に本文中の語句を入れて、全体の要旨を整理しなさい。 思考力・判断力・表現力

ミロのビーナスが〔ア　　〕的なのは、〔イ　　〕が失われているからであり、そのことが無数の美しい腕を〔ウ　　〕するのに対して、両腕の〔エ　　〕案はそれ以上の美しさを生み出せない。そして手には、人間が世界と交渉する手段であり方式そのものであるという人間存在における〔オ　　〕的な意味があるので、失われた〔カ　　〕は、それによりあらゆる手への夢を奏でるという〔キ　　〕を呈示するのである。

2 右を参考にして、要旨を百字以内にまとめなさい。

内容の理解

思考力・判断力・表現力

1 「不思議な思い」（四八・2）とあるが、筆者はどのようなことに対して「不思議な」と書いているのか。これを説明した次の文の空欄にあてはまる言葉を、本文中の語句を用いて答えなさい。

ミロのビーナスが〔 ① 〕ことによって、〔 ② 〕であることに対して。

① 〔　　　　〕

② 〔　　　　〕

2 「特殊から普遍への巧まざる跳躍」（四八・11）について、次の問いに答えなさい。

(1) 新傾向 ある生徒がここでの「特殊」と「普遍」についてノートに整理した。空欄にあてはまる語句を、あとから選びなさい。 ▼脚問2

> 特殊　両腕が〔 ① 〕のミロのビーナス
> ＝ある一つの美術品として価値がある＝〔 ② 〕的
>
> ↓ 巧まざる跳躍
>
> 普遍　両腕が〔 ③ 〕のミロのビーナス
> ＝あらゆる腕の可能性＝多様性
> ＝微妙な〔 ④ 〕への羽ばたき

ア 一義的　イ 全体性　ウ 失われた後　エ 失われる前

①〔　〕　②〔　〕　③〔　〕　④〔　〕

(2) 「特殊から普遍への巧まざる跳躍」の結果どのようなことが可能になったのか。同じページの言葉を用いて説明しなさい。

〔　　　　〕

第一段落（初め〜p.50 ℓ.14）

3 「部分的な具象の放棄」（五〇・1）とは、ここでは具体的にどのようなことをさすか。本文中の語句を用いて説明しなさい。

〔　　　　〕

4 「僕はここで、逆説を弄しようとしているのではない。」（五〇・2）とあるが、これはどういうことか。次から選びなさい。 ▼脚問3

ア 一般には完成することによって「美」が生じるが、ここでは失われることによって「美」が生じると述べ、一般とは逆に考えることにより議論を弄ぼうとしているのではないということ。

イ 一般には完成に関わりなく「美」が生じるが、ここでも完成には関わりなく「美」が生じると述べ、それは一般と何ら変わりのない考えであり、一般と逆の考え方ではないということ。

ウ 一般には完成することによって「美」が生じるが、ここでは失われることによって「美」が生じると述べ、それは一般の考え方と逆のものではないということ。

エ 一般にどのようなかたちで「美」が生じるかと、ここでどのように「美」が生じるかは関わりがなく、そのことについて議論を弄ぼうとしているのではないということ。

〔　　〕

5 「不思議に心象的な表現」（五〇・9）とは、「失われた両腕」「無」の表現するものが「心象」であるということであるが、その「心象」の世界を表現している語句を、本文中から三点抜き出しなさい。

〔　　　　〕

〔　　　　〕

〔　　　　〕

第二段落（p.50 ℓ.15〜p.52 ℓ.6）

6 **ミロのビーナスの復元案は、なぜ「興ざめたもの、滑稽でグロテスクなもの」（五一・1）なのか。筆者の論に従い、二点に分けて説明しなさい。** ▼学習二

〔　　　　〕

〔　　　　〕

7 **「表現の次元そのものがすでに異なってしまっている」（五一・6）とはどういうことか。次から選びなさい。**

ア　ミロのビーナスにおいては、両腕が存在する場合と片腕が存在する場合との違いが問題になっているということ。

イ　ミロのビーナスにおいては、初めから両腕が存在しないものとして表現がなされているということ。

ウ　ミロのビーナスにおいて両腕が存在しないことは、「美」ということとは別の問題として扱われるべきであるということ。

エ　ミロのビーナスにおいては、腕のあるなしを超えて、両腕を失ったことによって生まれた新たな「美」が重要であるということ。〔　　〕

8 **「僕は一種の怒りをもって、その真の原形を否認したいと思うだろう。」（五二・4）とあるが、その根拠として適当なものを次から選びなさい。**〔　　〕

ア　「芸術」は、「客観」性や「正当」性こそが大事で、鑑賞者の「夢」には左右されないということ。

イ　「芸術」は、「客観」性や「正当」性からは遠く、鑑賞者の「夢」に委ねられているということ。

ウ　「芸術」は、「客観」性や「正当」性を有し、鑑賞者共通の「夢」に委ねられているということ。

エ　「芸術」は、鑑賞者の「夢」に委ねられるものではなく、真の原形こそが「客観」性と「正当」性を持つということ。〔　　〕

第二段落（p.50 ℓ.15〜p.52 ℓ.6）

9 **「手というものの、人間存在における象徴的な意味」（五三・15）について、次の問いに答えなさい。**

(1) その内容を具体的に述べている部分を、本文中から三十字で抜き出しなさい。 ▼脚問5

(2) 手の象徴的な意味を言葉で表現したものとしてあげられている実例を、本文に即して二つ答えなさい。

〔　　　　〕

〔　　　　〕

第三段落（p.52 ℓ.7〜終わり）

10 **「不思議なアイロニーを呈示する」（五三・9）について説明した次の文の空欄にあてはまる語句を、本文中から抜き出して答えなさい。** ▼脚問6

美術品であるミロのビーナスは〔①〕でできた手を失ったことによって、逆に、〔②〕における象徴的な意味を持つあらゆる手の〔③〕性を得たということ。

①	
②	
③	

学習目標　主張と根拠の関係を捉えて、人間が動物に関心を持つ理由を理解する。

越境する動物がもたらす贈り物（矢野智司）

教科書p.56〜p.63

検印

漢字　知識・技能

1 太字の仮名を漢字に直しなさい。

p.56 ℓ.2　①**かちく**〔　　〕を世話する。
p.56 ℓ.4　②**なぐさ**〔　　〕めを与える。
p.56 ℓ.9　③飛ぶことを**むそう**〔　　〕する。
p.57 ℓ.5　④自己理解を**きた**〔　　〕える。
p.57 ℓ.16　⑤不安定に**どうよう**〔　　〕する。
p.58 ℓ.6　⑥人間との**けいやく**〔　　〕関係。
p.58 ℓ.12　⑦客を**かんたい**〔　　〕する。
p.58 ℓ.12　⑧親子の**かっとう**〔　　〕。
p.58 ℓ.16　⑨男の**にょうぼう**〔　　〕となる。
p.59 ℓ.2　⑩**じゅんすい**〔　　〕な贈与。
p.59 ℓ.6　⑪贈り物を**こうかん**〔　　〕する。
p.60 ℓ.6　⑫二人を**へだ**〔　　〕てる。
p.60 ℓ.16　⑬**きせい**〔　　〕の世界理解。
p.61 ℓ.8　⑭恩を**へんさい**〔　　〕する。
p.61 ℓ.12　⑮人間との間の**だんぜつ**〔　　〕。
p.62 ℓ.2　⑯**ようい**〔　　〕なことではない。
p.62 ℓ.9　⑰**きけん**〔　　〕な行為。

2 太字の漢字の読みを記しなさい。

p.56 ℓ.2　①**面倒**〔　　〕を見る。
p.56 ℓ.3　②**使役**〔　　〕に役立つ。
p.57 ℓ.2　③**戦慄**〔　　〕を抱く。
p.57 ℓ.8　④**傍**〔　　〕らで寄り添う。
p.57 ℓ.11　⑤**不可欠**〔　　〕な条件。
p.58 ℓ.7　⑥**哀**〔　　〕れな豚。
p.58 ℓ.9　⑦人間を**懲**〔　　〕らしめる。
p.58 ℓ.10　⑧猟に来た**紳士**〔　　〕。
p.58 ℓ.16　⑨**鶴**〔　　〕が人と結婚する。
p.59 ℓ.4　⑩両者の**均衡**〔　　〕を得る。
p.59 ℓ.14　⑪**縁**〔　　〕もゆかりもない。
p.59 ℓ.15　⑫**異邦人**〔　　〕を助ける。
p.60 ℓ.4　⑬**慈悲**〔　　〕による行為。
p.60 ℓ.6　⑭**過剰**〔　　〕に反応する。
p.61 ℓ.13　⑮**縄文**〔　　〕時代。
p.62 ℓ.8　⑯異なる世界を**貫**〔　　〕く。
p.62 ℓ.11　⑰境界線を越える**覚悟**〔　　〕。

語句　知識・技能

1 次の太字の語句の意味を調べなさい。

p.57 ℓ.1　①野生の動物は人間を**凌駕**《りょうが》する。
〔　　　　〕
p.61 ℓ.3　②なんの**変哲もない**ものが集まる。
〔　　　　〕
p.61 ℓ.14　③**生きとし生きるもの**の命を平等に扱う。
〔　　　　〕

2 それぞれの意味に合う四字熟語となるように、次の空欄に漢字を入れなさい。

p.59 ℓ.9　①冠婚〔　　〕〔　　〕
（慶弔の儀式をまとめて言う呼び方。）
p.60 ℓ.1　②前〔　　〕未〔　　〕
（これまでに聞いたこともない珍しいこと。）

3 次の語句を使って短文を作りなさい。

p.59 ℓ.16　①〜がたい
〔　　　　〕
p.62 ℓ.15　②〜をも辞さない
〔　　　　〕

論理の把握

1 空欄に本文中の語句を入れて、内容を整理しなさい。 思考力・判断力・表現力 ▶学習一

第一段落（初め〜p.56 ℓ.12）	第二段落（p.57 ℓ.1〜p.58 ℓ.13）	第三段落（p.58 ℓ.14〜p.61 ℓ.11）	第四段落（p.61 ℓ.12〜終わり）
【問題提起】　人はなぜ動物にこれほどまでに関心を持つのだろうか →動物は人間にとってとても〔ア　　〕だから　…一面的な解釈にすぎない ［動物＝人間とは異なりながら、それでいて多くの点で人間と共通している存在］ →人間に別の存在のあり方、別の世界の可能性、生の〔イ　　〕をもたらしてくれるから	◎人類史における動物 →人間にとって〔ウ　　〕であり、時には戦慄をさえ抱かせる存在＝自然の支配者 それゆえ、祖先たちの思考は、動物の存在によって動き始め、人間についての〔エ　　〕も動物との関係の中で鍛えられた ◎動物と物語の関係（人間の始原の物語には必ず動物が登場する） 自然のうちにあらかじめ決まった場所を持たない不確定な人間という生のあり方 人間には、動物という他なる存在者が不可欠 →人間のようで、人間と異なる異類の者たち＝［動物］…「〔オ　　〕」の喩《たと》えとして機能 ［思想・文学・芸術］人間と動物とを区切る境界線に関わる思想的課題を扱う（例）宮沢賢治	◎宮沢賢治の作品にはない主題群＝異類の者との愛と〔カ　　〕という主題 （例）「鶴女房」　異質な者同士が出会う＝「境界線を乗り越える」…法外な出来事 ◎境界線を乗り越えるメカニズム 仲間でない者からの予期しない贈与＝一切の見返りを求めない〔キ　　〕 →異類の者の心に新たな次元を生み出す→「〔ク　　〕」というべき力によって、異類の者のほうから本来の姿を否定して、人間になって境界線を越えてやってくる	◎人間と動物との境界線を越えること＝越える者にとっては死であり、死からの復活の体験 ［異類婚姻譚］ ・二つの異なる世界をまたぎ越す高次の死の〔ケ　　〕の物語 ・とても恐ろしい物語であるとともに、この上なく〔コ　　〕物語

要旨

1 空欄に本文中の語句を入れて、全体の要旨を整理しなさい。 思考力・判断力・表現力

人間にとって動物は異類の者でありながら、人間についての〔ア　　〕を促す存在であり、古来人間の〔イ　　〕の物語には必ず動物が登場した。また異類婚姻譚では、人間による異類の者に対する〔ウ　　〕をきっかけに、異類の者が「〔エ　　〕」というべき力によって境界を越えてやってくる。人間と動物との間の境界線を越えることは〔オ　　〕ことであり、その覚悟の深さゆえに、異類婚姻譚はこの上なく〔カ　　〕物語なのである。

2 右を参考にして、要旨を百字以内にまとめなさい。

内容の理解
思考力・判断力・表現力

第一段落（初め〜p.56 ℓ.12）

1 「人はなぜ動物にこれほどまで関心を持つのだろうか。」（五六・1）という問いについて、次の問いに答えなさい。

(1) 第一段落からこの問いに対する答えを十七字と三十九字で二点抜き出し、それぞれ初めと終わりの五字で答えなさい。 ▼脚問1

〜
〜

(2) (1)で示した二つの答えのうち、筆者は二点目のほうを支持していることが読み取れる表現を本文中から二十五字で抜き出しなさい。（記号を字数に含める）

2 新傾向 「有用性の次元」（五六・6）とあるが、その例として適当でないものを次から選びなさい。

ア 羊からとった毛で編んだセーターを着て寒さをしのぐ。
イ 愛犬とじゃれ合うことで精神的に落ち着く。
ウ カエルが泳ぐ姿を見て水の中を自由に泳ぐという発想を得る。
エ 馬が大きな米俵を載せたそりを引いて市場まで運ぶ。

〔　　〕

第二段落

3 「人間の始原の物語」（五七・6）や現代の絵本に登場する動物はどのような役割で物語に登場するか。本文中から七字で抜き出しなさい。（記号を字数に含める）

第二段落

4 「人間と動物という異類の間の交流の物語」（五八・3）をより詳しく言い換えている部分を本文中から六十字以内で抜き出し、初めと終わりの五字で答えなさい。

〜

5 「異類の者との愛と結婚という主題」（五八・14）を持つ物語の特徴として適当なものを次から選びなさい。

ア 相手に何かを贈与する前から、相手から義務的・儀礼的に返礼がなされることが暗黙の前提として決まっている。
イ 仲間ではない異類の者に何かを贈与するため、相手からの返礼を期待することなく無償で贈与が行われる。
ウ 贈与―受贈―返礼のサイクルが義務的に反復されることで、初めは仲間でなかった異類の者とも安定した関係が築かれる。
エ ルールを共有する仲間内で贈与を行うことで、冠婚葬祭での隣近所との助け合いのような無償性が生まれる。

〔　　〕

第三段落（p.58 ℓ.14〜p.61 ℓ.11）

6 「異なる世界に生きているはずの二人の間に、初めて前代未聞の交通路が開かれる」（五九・17）とは、どういうことか。次から選びなさい。 ▼脚問4

ア 二人のうちどちらかが一方的に境界線を乗り越えてしまうことによって、二人の間に利害関係が生じるということ。
イ 二人が境界線を乗り越えて自由に交流していた場が第三者によって侵害され、二人の関係に悲劇が訪れるということ。
ウ 二人が互いを隔てる社会のあり方に絶望し、二人以外は存在しない、世間から隔絶した世界で生きていくということ。
エ 人間が二人を隔てている境界線を越えて純粋贈与をすることによって、異類の者に境界線を越えようとする動きを生むということ。

〔　　〕

第三段落（p.58 ℓ.14〜p.61 ℓ.11）

7 **民話「鶴女房」において男がする「全くの慈悲による行為、あるいは、無償の行為」**（六〇・4）**のことを別の語句で表現している部分を、本文中から十一字で抜き出しなさい。**

8 **「無償性がはらむ過剰さ」**（六〇・6）**の説明として適当なものを次からえらびなさい。** ▼脚問5

ア　恩返しを全く期待しない行為によって、逆に相手に死ぬまで返礼を続けなければならないという過剰な義務感を与えるということ。

イ　常に相手に慈悲を尽くし、自分の命を無償で与える行為は、命に無頓着であるという印象を相手に過剰に与えるということ。

ウ　返礼を期待しない無償での贈与は交換の合理性に合わないので、贈与の受け手側に過剰な恩を受けたという印象を与えるということ。

エ　後先も考えず仲間でない者を無償で助ける行為は、返礼を重視する交換の場では非合理的で過剰な対応という印象を与えるということ。

〔　　〕

9 **「初発の一切の見返りを求めない純粋贈与」**（六一・3）**とは、この場合何をさすか。本文中の語句を用いて四十五字以内で答えなさい。** ▼脚問6

10 **「これは異類の者の心のうちに、これまでになかった新たな次元を生み出す」**（六一・6）**とは、どういうことか。次から選びなさい。**

ア　仲間でない者からの予期しない純粋贈与を受けて、一生をかけて相手から受けた恩を「返済」しようとすること。

イ　交換に回収されることのない仲間からの過剰な贈与を受けて、その恩に報いるための恩返しをしようとすること。

ウ　仲間でない者からの予期しない純粋贈与を受けて、自分の本来の姿を捨ててでも相手に純粋贈与をしようとすること。

エ　仲間でない者から贈与を受けて、自分も別の誰かに贈与することで「贈与のリレー」をつないでいこうとすること。

〔　　〕

11 **「異類婚姻譚」**（六三・5）**について、筆者はどのような性質を持つ物語であると述べているか。本文中から五十字以上、六十字以内で二つ抜き出し、それぞれ初めと終わりの五字で答えなさい。**

〜

〜

第四段落（p.61 ℓ.12〜終わり）

12 新傾向 **本文の学習を終えた四人の生徒が発言している。筆者の主張に合致した発言をしている生徒をすべて選びなさい。**

生徒A：日本にはユダヤ・キリスト教圏と同じように、人間と動物との境界線が比較的緩いという思想基盤があるんだね。

生徒B：とはいえ、異類の者の世界へと越境することは、越える者にとって死とその死からの復活を体験させるすさまじいものだよ。

生徒C：その点で、異類の者が境界線を越えるときにする覚悟は、はじめに人間が異類の者に贈与するときの覚悟よりもはるかに深いと言えるね。

生徒D：でも、アンデルセンの『人魚姫』のように、当事者間に起きた事態の全体を人間と異類の者の両者が把握することで、覚悟や責任をうまく共有している物語もあるんだよ。

生徒〔　　〕

学習目標　アリの生態を理解し、それと対比させて述べられる人間社会の問題点を捉える。

働かないアリに意義がある（長谷川英祐）

教科書p.80～p.87

検印

漢字

1 太字の仮名を漢字に直しなさい。

p.80 ℓ.8 ①**すいさつ**〔　　〕されている。
p.80 ℓ.9 ②野菜のハウス**さいばい**〔　　〕。
p.80 ℓ.11 ③狭い**はんい**〔　　〕に限定する。
p.81 ℓ.1 ④**かじょう**〔　　〕に反応する。
p.81 ℓ.3 ⑤正確に**けんしょう**〔　　〕する。
p.81 ℓ.7 ⑥筋**せんい**〔　　〕を伸ばす。
p.82 ℓ.3 ⑦組織を**いじ**〔　　〕する。
p.82 ℓ.4 ⑧コロニーの**はんえい**〔　　〕。
p.82 ℓ.6 ⑨新しい**かんてん**〔　　〕。
p.82 ℓ.10 ⑩労働**こうりつ**〔　　〕を高める。
p.82 ℓ.10 ⑪存続時間を**ひかく**〔　　〕する。
p.83 ℓ.10 ⑫**ちめい**〔　　〕的なダメージ。
p.84 ℓ.7 ⑬指令**けいとう**〔　　〕を決める。
p.85 ℓ.12 ⑭**よゆう**〔　　〕を失った組織。
p.85 ℓ.12 ⑮それは**じめい**〔　　〕のことだ。
p.85 ℓ.17 ⑯神経**さいぼう**〔　　〕。
p.86 ℓ.7 ⑰生徒会長の**こうほ**〔　　〕。

2 太字の漢字の読みを記しなさい。　知識・技能

p.80 ℓ.6 ①アリの**寿命**〔　　〕は長い。
p.80 ℓ.9 ②花を**受粉**〔　　〕させる。
p.80 ℓ.9 ③桃が**結実**〔　　〕した。
p.80 ℓ.11 ④基地が**壊滅**〔　　〕した。
p.80 ℓ.12 ⑤**散発**〔　　〕的に集める。
p.81 ℓ.5 ⑥欠席の**頻度**〔　　〕が高い。
p.81 ℓ.8 ⑦**乳酸**〔　　〕が溜まる。
p.81 ℓ.11 ⑧**宿命**〔　　〕から逃れる。
p.82 ℓ.16 ⑨コロニーが**死滅**〔　　〕する。
p.83 ℓ.5 ⑩**刺激**〔　　〕が強い。
p.83 ℓ.15 ⑪仕事を**怠**〔　　〕ける。
p.84 ℓ.2 ⑫**有能**〔　　〕な人材を集める。
p.84 ℓ.2 ⑬**不器用**〔　　〕な人間。
p.84 ℓ.12 ⑭**劣**〔　　〕ったものも混じる。
p.85 ℓ.3 ⑮準備が**整**〔　　〕う。
p.85 ℓ.5 ⑯メンバーを**抱**〔　　〕え込む。
p.85 ℓ.16 ⑰苗床としての**機能**〔　　〕。

語句

1 次の太字の語句の意味を調べなさい。　知識・技能

p.80 ℓ.12 ①**散発的**に蜜を集める。〔　　〕
p.81 ℓ.11 ②逃れられない**宿命**。〔　　〕
p.82 ℓ.11 ③**仮想**の生命をプログラムする。〔　　〕
p.82 ℓ.12 ④**シミュレーション**によって調べる。〔　　〕

2 次の語句を使って短文を作りなさい。

p.84 ℓ.2 ①先を越される〔　　〕
p.85 ℓ.10 ②尻をたたく〔　　〕
p.85 ℓ.11 ③拍車をかける〔　　〕

論理の把握

1 空欄に本文中の語句を入れて、内容を整理しなさい。 思考力・判断力・表現力 ▼学習一

第一段落（初め～ p.82 ℓ.2）

労働頻度と寿命

①女王は長生き、ワーカーは短命
②ハウスのミツバチは短命
→ 過剰労働がワーカーの寿命を縮める

【推測】〔ア　　〕と寿命の間には関係がある

動物の宿命

動物（昆虫）は動き続けると〔イ　　〕が溜まり、次第に疲れていく
← 休息が必要

第二段落（p.82 ℓ.3～p.84 ℓ.6）

個体の疲労とコロニー維持の関係

①仕事があれば全個体がいっせいに働くシステム
結果　＜労働効率　＞コロニーの存続の長さ
②働かない個体が必ず出てくるシステム

【理由】休息していた個体がコロニーを救い、コロニーの中の労働力がゼロにならないから
← 「〔ウ　　〕」にも存在意義がある

第三段落（p.84 ℓ.7～p.85 ℓ.6）

ムシの社会が指令系統なしにうまくいくために必要なもの

個性が必要＋余力が必要
⇓
〔エ　　〕のメンバーをたくさん抱え込む
効率の低いシステム　＝ムシたちの用意した進化の答え

第四段落（p.85 ℓ.7～終わり）

ヒトの社会

〔オ　　〕を失った組織（ヒト社会）→どのような結末に至るのかは自明
→大学も例外ではない〈しかし〉社会全体のリスクヘッジの観点から意味がある

要旨

1 空欄に本文中の語句を入れて、全体の要旨を整理しなさい。 思考力・判断力・表現力

労働頻度と寿命には関係があり、動物は働けば必ず〔ア　　〕する。ムシの社会では、全員がいっせいに働く労働効率の〔イ　　〕システムよりも、〔ウ　　〕個体を含む非効率的な組織のほうが長く存続する。ヒトの社会も〔エ　　〕だけの組織は効率はよいが環境変化に対応できない。効率の〔オ　　〕システムであっても、技術につながる知識の苗床としての機能は大学しか担えない。そういった社会の〔カ　　〕を失わないようにすべきである。

2 右を参考にして、要旨を百字以内にまとめなさい。

内容の理解

思考力・判断力・表現力

第一段落（初め〜p.82 ℓ.2）

1 「ハウスに放たれたミツバチはなぜかすぐに数が減り、コロニーが壊滅してしまう」（八〇・10）のはなぜだと考えられているか。本文中の語句を用いて五十字以内で説明しなさい。

2 「労働頻度と寿命の間には関係があるかもしれません」（八一・5）とあるが、どのような関係があると思われるか。次から二つ選びなさい。 ▼脚問1

ア　労働頻度が高くなるほど寿命は延びる。
イ　労働頻度が低くなるほど寿命は縮まる。
ウ　労働頻度が高くなるほど寿命は縮まる。
エ　労働頻度が低くなるほど寿命は延びる。

〔　　〕〔　　〕

3 「この宿命」（八一・12）は何をさすか。本文中から四十五字以内で抜き出し、初めと終わりの五字を答えなさい。

〜

第二段落

4 (1) A「コロニーメンバーの反応閾値がみな同じで、刺激（仕事）があれば全個体がいっせいに働いてしまうシステム」（八二・7）とB「反応閾値が個体ごとに異なっていて、働かない個体が必ず出てくるシステム」（八二・8）を比較した実験では、どちらが労働効率が高かったか。記号で答えなさい。〔　　〕

第二段落（p.82 ℓ.3〜p.84 ℓ.6）

(2) 「働かないものを常に含む非効率的なシステムでこそ、長期的な存続が可能にな」（八三・13）ることは、(1)にどういう条件を加えた実験でわかったか。本文中から三十五字以内で抜き出し、初めと終わりの五字を答えなさい。

〜

5 新傾向 筆者は「しかし、しかしです。」（八三・16）という一文を用いているが、この表現の効果について述べたものとして、適当なものを次から選びなさい。

ア　会話的表現を用いることで、読者を自然に既知の世界から、未知の世界へと誘導する効果。
イ　会話的表現を用いることで、読者を自然に常識的で予測可能な結果から、科学的に不合理で予測不可能な結果へと導く効果。
ウ　誰でも予想可能な実験結果に別の条件を加えると、一見不合理な結果が出ることへの驚きを、「しかし」を繰り返すことで強調する効果。
エ　「しかし」を繰り返すことで、肯定しやすい合理的な結論から、肯定しにくい不合理な結論へと論を導くことへの読者の反発を緩和する効果。

〔　　〕

6 コロニーの中に「『働かない働きアリ』が存在する理由」（八四・4）について述べた次の文章の空欄にあてはまる語句を、本文中から抜き出しなさい。

今まで〔ア　　〕が疲れると、それまで働いていなかった個体が代わって働くようになり、彼らが疲れると〔イ　　〕が回復して働き始めるため、コロニーの中の〔ウ　　〕ことがないから。

第三段落

7 「ムシの社会が指令系統なしにうまくいくためには、メンバーの間にさまざまな個性がなければなりません。」（八四・7）とあるが、その理由として適当なものを次から選びなさい。

第三段落（p.84 ℓ.7〜p.85 ℓ.6）

ア　ムシの社会には高度な判断能力を持つ個体がおらず、刺激に対して単純な反応をするだけでコロニーが維持されるようにはなっていないから。

イ　コロニー全体としてよく働く能力の高い個体が一定程度そろっていれば、たとえ働きたくない劣った個体が少数いたとしても、コロニーは存続できるから。

ウ　性能のいい、仕事をよくやる規格品の個体だけで成り立つコロニーは高い効率を示すが、性能の悪いものや劣ったものを受け入れる柔軟性を欠き、おもしろみがないから。

エ　優れた均一な個体ばかりで成り立つコロニーは効率は高いが、急激な状況変化に対応できず、余力としての働かない個体を含むコロニーのほうが状況変化に対応できるから。　〔　　〕

第四段落（p.85 ℓ.7〜終わり）

8 **「余裕を失った組織」**（八五・12）**とはどのような組織か。本文中の語句を用いて四十字以内で説明しなさい。**

9 **「余裕を失った組織がどのような結末に至るのかは自明」**（八五・12）**とあるが、どうなるというのか。本文中の語句を用いて十字程度で答えなさい。**　▼脚問3

10 **「大学という組織においても、近年は『役に立つ研究を。』という掛け声が高くなっています。」**（八五・12）**とあるが、それはどういう姿勢の表れか。次から選びなさい。**

ア　組織に余裕を持たせようとする姿勢

イ　組織に個性を持たせようとする姿勢

ウ　組織に効率を求めようとする姿勢

エ　組織の創造性を尊重しようとする姿勢　〔　　〕

11 **「プリオン」**（八五・17）**についての研究の例は、何を示すために提示されているか。次から選びなさい。**　▼脚問4

ア　有用性が不明の基礎研究が、新たに出現した事態に対応するために役立ったという例。

イ　少数の基礎研究者が行った研究が、多くの新しい技術を生み出すのに役立ったという例。

ウ　多くの研究者が同じ基礎研究を競った中から、現実に役立つ知識が発見されたという例。

エ　ある一つの目的のために行われた基礎研究の成果が、全く別の分野に応用されたという例。　〔　　〕

全体

12 **本文の内容に合致するものを次から選びなさい。**

ア　ミツバチやアリのコロニーを例として、多くの個体がそれぞれの使命を自覚して整然とした秩序のもとに働くことによって組織は維持され、効率のよい社会を形成していることを述べている。

イ　ミツバチやアリのコロニーを例として、集合する個体の能力の高さは必ずしも必要ではなく、分業と集約的な労働を集積することによって組織全体の力が高まることを述べている。

ウ　ミツバチやアリのコロニーを例として、さまざまな個性が組織の余力としてはたらき、予測できない環境変化に対応し組織を長く存続させることに役立っていると述べている。

エ　ミツバチやアリのコロニーを例として、日本の大学におけるリスクヘッジ重視の運営方針がかえって大学という組織の存続を危うくしていることに警鐘を鳴らしている。　〔　　〕

学習目標　科学技術の発展がもたらす社会変化と、それに呼応する法との関係性について捉える。

AI時代の社会と法（小塚荘一郎）

教科書p.89～p.97

検印

漢字　知識・技能

1 太字の仮名を漢字に直しなさい。

① イギリスの**きょうじゅ**〔　　〕。（p.89 ℓ.9）
② そのことを**ぜんてい**〔　　〕とする。（p.90 ℓ.2）
③ 状況を**ひかく**〔　　〕する。（p.90 ℓ.2）
④ 開発に**じゅうじ**〔　　〕する。（p.90 ℓ.6）
⑤ 事故を**かいひ**〔　　〕する。（p.90 ℓ.11）
⑥ 責任を**ついきゅう**〔　　〕される。（p.90 ℓ.13）
⑦ **してき**〔　　〕したとおりだ。（p.91 ℓ.8）
⑧ **ひがい**〔　　〕を防ぐ。（p.91 ℓ.12）
⑨ 原料を**きょうきゅう**〔　　〕する。（p.92 ℓ.11）
⑩ 製品の**はんばい**〔　　〕先。（p.92 ℓ.11）
⑪ サービスへ**いこう**〔　　〕する。（p.93 ℓ.11）
⑫ **けいたい**〔　　〕電話の重要性。（p.93 ℓ.14）
⑬ 使用**りれき**〔　　〕のデータ。（p.94 ℓ.3）
⑭ 種々の**べんえき**〔　　〕を得る。（p.94 ℓ.8）
⑮ **けいやく**〔　　〕を結ぶ。（p.95 ℓ.1）
⑯ 活動を**きりつ**〔　　〕する。（p.95 ℓ.13）
⑰ 企業を**ぶんかつ**〔　　〕する。（p.95 ℓ.16）

2 太字の漢字の読みを記しなさい。

① **犠牲**〔　　〕が少ない。（p.90 ℓ.1）
② 人工**妊娠**〔　　〕中絶の論文。（p.90 ℓ.3）
③ **施設**〔　　〕を建てる。（p.91 ℓ.1）
④ 安全**措置**〔　　〕を講ずる。（p.91 ℓ.4）
⑤ **欠陥**〔　　〕がある。（p.91 ℓ.6）
⑥ **賠償**〔　　〕責任を負う。（p.91 ℓ.15）
⑦ 科学技術の**革新**〔　　〕。（p.92 ℓ.8）
⑧ 経済学の**概念**〔　　〕。（p.92 ℓ.10）
⑨ 決断を**迫**〔　　〕られる。（p.93 ℓ.7）
⑩ 運転を**制御**〔　　〕する。（p.94 ℓ.1）
⑪ 図書を**閲覧**〔　　〕する。（p.94 ℓ.3）
⑫ 新聞の見出しが**躍**〔　　〕る。（p.94 ℓ.4）
⑬ 不動産**売買**〔　　〕。（p.95 ℓ.2）
⑭ **又貸**〔　　〕しをしない。（p.95 ℓ.3）
⑮ **選択肢**〔　　〕がなくなる。（p.95 ℓ.7）
⑯ 混雑を**緩和**〔　　〕する。（p.95 ℓ.16）
⑰ 時代の**担**〔　　〕い手。（p.96 ℓ.1）

語句　知識・技能

1 次の太字の語句の意味を調べなさい。

① 社会**通念**に照らして安全性を欠く。（p.91 ℓ.5）
〔　　　　〕
② 正当な解決を導く**枠組み**を用意する。（p.93 ℓ.1）
〔　　　　〕

2 次の空欄にあとから適語を選んで入れなさい。

① 彼は何の苦労もせず、どんな曲も弾きこなす。〔　　〕天才というやつだ。（p.89 ℓ.1）
② この映画は名作というより〔　　〕問題作といえるだろう。（p.90 ℓ.1）
（むしろ　いわゆる　もしくは）

3 次の語句を使って短文を作りなさい。

① 異論を唱える（p.90 ℓ.5）
〔　　　　〕
② 講ずる（p.91 ℓ.4）
〔　　　　〕
③ しばしば（p.94 ℓ.3）
〔　　　　〕

論理の把握

1 空欄に本文中の語句を入れて、内容を整理しなさい。 思考力・判断力・表現力 ▶学習一

第一段落（初め〜 p.90 ℓ.9）	第二段落（p.90 ℓ.10〜p.92 ℓ.4）	第三段落（p.92 ℓ.5〜p.93 ℓ.8）	第四段落（p.93 ℓ.9〜p.95 ℓ.10）	第五段落（p.95 ℓ.11〜終わり）
◎「トロッコ問題」における選択 哲学者 や 法律雑誌 ポイントを切り替えて〔ア〕を減らす（疑問・異論はない） AIの開発エンジニア AIに選択させるプログラムを書いてよいか、決める必要がある	◎「トロッコ問題」へのアプローチ 現実にこのような事故が起きたら、たとえば弁護士は犠牲者の立場から責任を追及 法…具体的な状況で特定の〔イ〕（犠牲者・管理者等）に関して議論を組み立て 特定の事項さえ守ればよいという〔ウ〕にはならない →どんな事態でも社会の中で納得される解決を導くための本質的な性質	◎デジタル技術の発展と法の変革 〔エ〕の進化→社会や生活の変化→〔オ〕上の問題が変化 →法が社会の変革に追い付くために、ここを正しく理解して問題点を把握する必要	◎テクノロジーの進化による経済活動の三つの変化 ①経済活動の重点：モノから〔カ〕へ …取引の「〔キ〕」の問題 ②経済取引の対象：財物よりも〔ク〕を重視 …取引の「対象」の問題 ③取引のルール：「契約から技術へ」＝「〔ケ〕から技術へ」 例「書き込みをしない」というルール→技術的にできない状態	◎企業と国家の関係性 ← 影響を与える 国家 ⇄ 企業（協力） 〔コ〕・〔サ〕 ← 逃れようとする テクノロジーの変化が、この〔シ〕に新たな展開をもたらす

要旨

1 空欄に本文中の語句を入れて、全体の要旨を整理しなさい。 思考力・判断力・表現力

法は、AIによる新しい社会状況から生じる問題にも、社会の中で〔ア〕されるような解決を導かなければならない。そのためには、〔イ〕の進化がどんな社会の変化をもたらしているか理解する必要がある。経済活動はモノの取引から〔ウ〕の取引へ、財物からデータへ、取引の〔エ〕は契約から技術へと変化している。それは企業を変化させ、国家と企業との〔オ〕も変化させようとしている。

2 右を参考にして、要旨を百字以内にまとめなさい。

内容の理解

思考力・判断力・表現力

第一段落（初め〜p.90 ℓ.9）

1 「トロッコ問題」（八九・1）の解答について、各分野の専門家はどのように考えたか。次から選びなさい。

ア　イギリスの哲学者もアメリカの法律雑誌も、犠牲者が少ないほうを選択すべきだという結論を支持した。

イ　アメリカの法律雑誌は犠牲者が少ないほうを選択すべきと結論したが、イギリスの哲学者はこれは哲学の問題ではないとした。

ウ　イギリスの哲学者は犠牲者が少ないほうを選択すべきと考えたが、アメリカの法律雑誌はこれに異論を唱えた。

エ　イギリスの哲学者もアメリカの法律雑誌も、一人の犠牲者を許容してもよいかどうかが真の問題であると指摘した。

〔　　〕

2 「トロッコ問題」がAIの開発エンジニアにとって「単なる哲学上の問いかけでは終わらない」（九〇・6）のはなぜか。その理由を述べた一文を本文中から抜き出し、初めの五字で答えなさい。▼脚問1

第一段落〜第二段落

3 「哲学上の問いかけ」（九〇・6）としての「トロッコ問題」の意義を説明した一文を本文中から抜き出し、初めの五字で答えなさい。▼脚問2

第二段落

4 「法律的に……不可能である」（九〇・12〜14）のは、法律がどのような意図に従って定められているからか。それを説明した次の文の空欄にあてはまる語句を、本文中から抜き出しなさい。▼脚問3

AIをはじめとする〔①〕がどれだけ発展しても、また、どのような〔②〕が出現したとしても、〔③〕的な状況に即して結論を導く筋道を示し、〔④〕の中で納得されるような解決を導くこと。

①
②
③
④

第二段落（p.90 ℓ.10〜p.92 ℓ.4）

5 「ここまで追い詰められた状況」（九〇・15）について説明した次の文の空欄にあてはまる語句を、本文中から抜き出しなさい。

〔①〕上に人が立ち入っているのにトロッコが走り出してしまい、トロッコに〔②〕もついていないために、〔③〕の選択によって、犠牲者を五人出すか、一人に減らすかを決定するほかない状況。

①
②
③

第三段落（p.92 ℓ.5〜p.93 ℓ.8）

6 「AIをはじめとする……決してそうではない」（九二・5〜6）と筆者が言うのはなぜか。次から選びなさい。

ア　法は、シンプルでわかりやすい基準によって、具体的な状況における責任の所在を明らかにしなければならないから。

イ　法は、技術革新の実用化を促進し、生活の変化につなげることで真の革新を実現する社会的な役割を負っているから。

ウ　法は、技術の進歩が社会状況を変化させた場合にも、そこに起こる法律上の問題を解決する筋道をつけなければならないから。

エ　法は、テクノロジーの世界に対しては力を失っているが、日常生活の問題についてはまだ適切な解決を導く力があるから。

7 「新しい社会状況下で起こる法律上の問題」（九二・15）に対応するために、まず必要なのはどのようなことか。次から選びなさい。〔　　〕

ア　テクノロジーの進化に対して現在の法にどれくらい改正の余地があるかを理解すること。

イ　テクノロジーの進化に応じて現在の法を変革させるリスクについて

第三段落

正しく理解すること。

ウ　テクノロジーの進化によってどのような社会変革が生じているかを正しく理解すること。

エ　テクノロジーの進化に伴って生じる社会問題がいかに解決困難であるかを理解すること。

〔　　〕

第四段落（p.93 ℓ.9〜p.95 ℓ.10）

8　**「モノからサービスへと移行していくという変化」**（九三・11）**を言い換えた表現を、本文中から二十五字以内で抜き出しなさい。（記号は字数に含める）**

9　**「電話機（携帯電話）というモノとしての重要性は、非常に小さくなっている」**（九三・14）**とは、どういうことか。次から選びなさい。**

ア　メールやSNSが普及したことによって、相手と通話する機会がだんだん減ってきているということ。

イ　スマートフォン以前の古い携帯電話を持っている人は、どんどん少なくなっているということ。

ウ　携帯電話が外見上の色やデザイン、あるいは所有者による装飾によって個性を発揮することはなくなったということ。

エ　スマートフォンは通話するための道具というよりも、アプリの受け皿としての端末という面が眼目になっているということ。

〔　　〕

10　**「取引の『対象』の問題」**（九四・11）**とはどういうことか。次から選びなさい。**

ア　インターネットでの物の売り買いが、現実世界での物の売り買いと同程度に一般的になったということ。

第四段落（p.93 ℓ.9〜p.95 ℓ.10）

イ　データが石油にたとえられるように、使用したときの価値よりも、販売したときの利益が重視されるようになったということ。

ウ　経済的な価値という抽象的なものが、データという目に見える形で示されるようになったということ。

エ　実際に形があるものと同じか、それ以上の価値がデータの中に見いだされるようになったということ。

〔　　〕

11　新傾向　**「第三の変化」**（九四・13）**について、本文の内容を正しく捉えていない意見を述べている生徒を、次から選びなさい。**

生徒A：モノ中心の取引では、ユーザーの選択肢がどうなっているかは、契約や法で決まっているんだね。

生徒B：デジタル技術以降の時代には、技術的な仕組みによって、禁止されていることはそもそもできないようになってきているのか。

生徒C：契約で禁止されていないことも、技術的にできないようになっていれば、禁止されているのと同じになるね。

生徒D：禁止されていることを意識しなくてもルールを守れるという意味で、基本的には便利な方向への変化だね。

生徒〔　　〕

第五段落（p.95 ℓ.11〜終わり）

12　新傾向　**「自由放任の時代から企業の国有化へ」**（九六・1）**とは、「パワー・バランス」**（九五・15）**という面から見て、どのような変化だと言えるか。次の語句の意味を参考にして、三十字以内で答えなさい。**

▼自由放任…各自の自由に任せて、干渉しないこと。

▼国有化…個人や企業の財産を国の所有・管理に移すこと。

学習目標　地球環境や生態系のあり方について、筆者の「動的平衡」という視点を読み取る。

なぜ多様性が必要か（福岡伸一）

教科書p.100〜p.107

検印

漢字　知識・技能

1 太字の仮名を漢字に直しなさい。

p.100 ℓ.5 ①採集した個体が**いた**〔　　〕む。
ℓ.6 ②蝶の長い**お**〔　　〕の先。
ℓ.7 ③**かんぺき**〔　　〕な標本を作る。
ℓ.10 ④**ゆうが**〔　　〕なラインのある羽。
p.101 ℓ.3 ⑤**あ**〔　　〕くことなく眺める。
ℓ.10 ⑥**とうしつ**〔　　〕を含む葉。
ℓ.15 ⑦**むえき**〔　　〕な争いを避ける。
p.102 ℓ.4 ⑧**ゆくえ**〔　　〕を知っている。
ℓ.16 ⑨情け**ようしゃ**〔　　〕ない力。
p.103 ℓ.1 ⑩**らんざつ**〔　　〕さが増大する。
ℓ.15 ⑪**たが**〔　　〕いに律する。
p.104 ℓ.1 ⑫**いそん**〔　　〕的な結びつき。
ℓ.7 ⑬絶え間ない**じゅんかん**〔　　〕。
ℓ.15 ⑭結ばれ方が**たき**〔　　〕にわたる。
p.105 ℓ.3 ⑮関係が**しょうめつ**〔　　〕する。
ℓ.5 ⑯ヒトの腸内**さいきん**〔　　〕。
p.106 ℓ.2 ⑰自然の**せんゆう**〔　　〕を求める。

2 太字の漢字の読みを記しなさい。

p.100 ℓ.3 ①**残酷**〔　　〕な目的。
ℓ.10 ②クリーム色と**漆黒**〔　　〕。
ℓ.11 ③**目頭**〔　　〕から鼻に抜ける。
p.101 ℓ.3 ④**精妙**〔　　〕なデザイン。
ℓ.11 ⑤栄養素**組成**〔　　〕の差。
ℓ.13 ⑥幼虫が**餓死**〔　　〕する。
p.102 ℓ.2 ⑦**黙々**〔　　〕と繰り返す。
ℓ.9 ⑧動的平衡を**担保**〔　　〕する。
ℓ.12 ⑨**恒常**〔　　〕性を保つ。
p.103 ℓ.9 ⑩**柔**〔　　〕らかく作る。
p.104 ℓ.4 ⑪地球を**捉**〔　　〕え直す。
ℓ.5 ⑫**窒素**〔　　〕などの元素。
p.105 ℓ.4 ⑬生態系の食物**連鎖**〔　　〕。
ℓ.4 ⑭**網**〔　　〕の目のように張る。
ℓ.8 ⑮**漠然**〔　　〕と理解する。
ℓ.11 ⑯**綻**〔　　〕びをもたらす。
ℓ.14 ⑰**薄氷**〔　　〕の上に成り立つ。

語句　知識・技能

1 次の太字の語句の意味を調べなさい。

p.102 ℓ.8 ①物質とエネルギーの流れの**結節点**となる。
〔　　　　〕
ℓ.11 ②世界を構成する要素が絶え間なく**消長**する。
〔　　　　〕
p.105 ℓ.13 ③国家の**エゴ**が先行する。
〔　　　　〕

2 次の空欄にあとから適語を選んで入れなさい。

p.100 ℓ.8 ①〔　　〕て甘酸っぱい果実をかじる。
p.102 ℓ.11 ②朝から小雨が〔　　〕降り続いている。
p.104 ℓ.1 ③砂浜に〔　　〕積み重なった漂着物を処分する。
（夥しく　絶え間なく　みずみずしく）

3 次の語句を使って短文を作りなさい。

p.100 ℓ.2 ①所狭し
〔　　　　〕
p.101 ℓ.13 ②頑な
〔　　　　〕

論理の把握

1 空欄に本文中の語句を入れて、内容を整理しなさい。 思考力・判断力・表現力 ▼学習一

第一段落（初め〜p.101 ℓ.4）

・筆者は家で蝶の虫を育てていた →完全な〔ア　　〕を作るため

◎なぜ人は虫を集めて標本を作るのか？…絶え間なく動き回り、すぐにも飛び去ってしまう蝶の美しさと〔イ　　〕の精妙さを、手のうちにとどめて、飽くことなく眺めるため

第二段落（p.101 ℓ.5〜p.102 ℓ.9）

・アゲハチョウ類の幼虫は、食べ物に関して驚くほど〔ウ　　〕

▼自分が食べる植物を極端なまでに限定している

→限りある資源をめぐって異なる種同士が無益な争いを避けるために、〔エ　　〕が長い時間をかけて作り出したバランス

・このバランスを維持しているのは、個々の生命体の〔オ　　〕＝生態学的地位

▼流れの結節点となり物質とエネルギーと〔カ　　〕の循環を行う

→ニッチは生態系全体の動的平衡を担保している

第三段落（p.102 ℓ.10〜p.104 ℓ.3）

◎生命の多様性の保全において、最も重要な視点は何か？…動的平衡の考え方

▼バランス＝恒常性を保つためにこそ、常に〔キ　　〕ことが必要

▼生命は恒常性を保つため、〔ク　　〕的な思考とは全く別の方法を採用

▼わざと仕組みを柔らかく、緩く作り、「エントロピー増大の法則」に破壊される前に自らをあえて壊し、蓄積するエントロピーを捨てる　＝永遠の〔ケ　　〕

◎生命が絶えず壊されながらも一定の恒常性を保ち得る理由は？…その仕組みを構成する要素が非常に大きな数からなり、多様性に満ちている　＝相互依存的・相互補完的

第四段落（p.104 ℓ.4〜終わり）

◎地球の循環を駆動する働き手は誰か？…地球上に存在する多くの〔コ　　〕

▼地球環境という動的平衡を保持するためにも、生物多様性が必要

▼人間のエゴなどで生物多様性が失われれば、動的平衡に綻びが生じる

筆者の主張　生物の中でヒトだけが自らの分際を忘れ逸脱している⇒私たちヒトは、生命観と環境観の〔サ　　〕について考えねばならない

要旨

1 空欄に本文中の語句を入れて、全体の要旨を整理しなさい。 思考力・判断力・表現力

生物は元素の〔ア　　〕を駆動し、地球環境というネットワークの結節点に位置している。その結び目が多いほどネットワークは強靭で柔軟になるため、地球環境という〔イ　　〕を保持するためには〔ウ　　〕が必要だ。しかしすべての生物が守っているニッチ＝「〔エ　　〕」を忘れ、逸脱したヒトの振る舞いによって、地球環境や生態系のあり方も危うくなっている。私たちは今後、生命観と環境観の〔オ　　〕について考えねばならない。

2 右を参考にして、要旨を百字以内にまとめなさい。

内容の理解

思考力・判断力・表現力

第一段落（初め〜p.101 ℓ.4）

1 「完全な蝶の標本を作るためだった」（一〇〇・3）について、次の問いに答えなさい。

(1)「完全な蝶の標本を作るため」にはどうすることが必要か。本文中の語句を用いて四十五字以内で答えなさい。

(2)なぜ筆者は「蝶の標本」を作りたいのか。その理由にあたる一文を抜き出し、初めと終わりの五字で答えなさい。

〜

第二段落（p.101 ℓ.5〜p.102 ℓ.9）

2 「食べ物に関して驚くほど禁欲的」（一〇一・6）について、次の問いに答えなさい。

(1)ここでの「禁欲的」とはどういうことか。「〜には見向きもせず、…ということ。」という形で、四十五字以内で答えなさい。 ▼脚問1

(2)アゲハチョウ類の幼虫たちが食べ物に関して「禁欲的」であることについて、筆者はどのように捉えているか。次から選びなさい。

ア　適性ではない葉をあげても食べずに餓死してしまうことは、生態系全体にとっては決して望ましくない。

イ　それぞれの種が自分の食性に強いこだわりを持つことは、種ごとの生存条件を狭めてしまう原因となる。

ウ　栄養素組成としては大差がないはずの植物を取捨選択することは、生態系の変化を促すきっかけとなる。

エ　限りある植物をめぐって異なる種同士が無益に争わないことは、生態系のバランス維持に寄与している。

〔　　〕

第二段落（p.101 ℓ.5〜p.102 ℓ.9）

3 「黙々とそれを繰り返し、ただそれに従う。」（一〇二・2）とあるが、二度繰り返される「それ」が示す内容を本文中から十字以内で抜き出しなさい。

4 「生命は工学的な思考とは全く別の方法を採用した。」（一〇二・8）とあるが、ここでの「工学的な思考」とはどんなことをさしているか。そのことがわかる部分を、本文中から二十五字で抜き出しなさい。

第三段落（p.102 ℓ.10〜p.104 ℓ.3）

5 「永遠の自転車操業」（一〇二・10）とは、生命のどういうさまを表しているか。次から選びなさい。 ▼脚問3

ア　エントロピー増大の法則がもたらす破壊の力に決して逆らわず、あえて自らのもろい仕組みを何度も解体させるさま。

イ　エントロピー増大の法則が仕組みを破壊する前に自らを壊し、同時に作り直すというサイクルを延々と繰り返すさま。

ウ　エントロピー増大の法則による仕組みによって何度も破壊され、そのたびに自らの作り直しも徹底的に行うさま。

エ　壊れにくい屈強な仕組みを作り上げ、エントロピー増大の法則が仕組みにもたらす破壊の力に何度も耐えるさま。

第三段落（p.102 ℓ.10〜p.104 ℓ.3）

6 **「相互依存的でありつつ、相互補完的である。」（一〇四・1）とはどういうことかを次のように説明したとき、空欄にあてはまる部分を四十字以内で答えなさい。** ▼脚問4

生命は、［　　　　］ということ。

7 新傾向 **第三段落（一〇三・10〜一〇四・3）を読み、その内容を端的に表すタイトルをつけたとき、ふさわしいものはどれか。次から選びなさい。**

ア　恒常性を保つための生命の仕組みとその構成要素
イ　常に動的なものの仕組みに内蔵された「乱雑さ」
ウ　「エントロピー増大の法則」が生命に与える被害
エ　工学的発想から解析する生命の不思議な動的平衡
オ　動的平衡の考え方がもたらす地球環境破壊の法則

〔　　〕

第四段落（p.104 ℓ.4〜終わり）

8 **生物は「元素を次々と集め、あるいは繋ぎ変え……駆動している働き手」（一〇四・8〜9）である、という内容を別の表現で言い換えている部分を、本文中から二十七字で抜き出しなさい。**

［　　　　］

9 **「他方が殲滅される」（一〇五・3）とどうなるのか。本文中の語句を用いて四十字以内で答えなさい。**

［　　　　］

第四段落（p.104 ℓ.4〜終わり）

10 **「地球環境はしなやかであると同時に、薄氷の上に成り立っている」（一〇五・14）について、次の問いに答えなさい。**

(1) **「地球環境はしなやかである」とはどういうことか。次から選びなさい。**

ア　地球環境は、それを構成する元素が不動不変であるために強く成り立っているということ。
イ　地球環境は、人間が主導して適切に管理することで、持続可能になるよう保たれているということ。
ウ　地球環境は、生物の多様性により強靭で壊れても元に戻りやすい性質を保っているということ。
エ　地球環境は、ある生物種が別の生物種のニッチを侵して絶滅させても、何ら変わりなく続くということ。

〔　　〕

(2) **「薄氷の上に成り立っている」とはどういうことか。次から選びなさい。**

ア　ヒトが自然に手を加えることで生物多様性が脅かされており、動的平衡が決定的に綻びかねない危うい状態にあるということ。
イ　地球温暖化の影響で南極や北極の氷が解けているように、ヒトの行いが地球環境にもたらす影響は大きいということ。
ウ　ヒトが自分の分際から逸脱したことで、他の生物も分際を忘れて生態系の連鎖と平衡を攪乱する可能性が高まっているということ。
エ　元素の受け渡し役を担っている生物たちは常に過酷な食物連鎖の中で生きており、いつどの種が絶滅してもおかしくないということ。

〔　　〕

学習目標　生体認証技術を必要とする社会背景と、テクノロジーによる人物認証の問題点を捉える。

生体認証技術の発展と未来（高野麻子）

教科書p.109～p.117

検印

漢字　知識・技能

1 太字の仮名を漢字に直しなさい。

①**とくちょう**〔　　〕を利用する。（p.109 ℓ.1）
②発展に**ともな**〔　　〕う変容。（ℓ.3）
③学生たちに**たず**〔　　〕ねる。（ℓ.8）
④技術**かくしん**〔　　〕による今後。（p.110 ℓ.1）
⑤**ひかく**〔　　〕的に難しい。（ℓ.6）
⑥群衆の中から**そうさく**〔　　〕する。（p.111 ℓ.7）
⑦ネットを**えつらん**〔　　〕する。（ℓ.14）
⑧**こくいっこく**〔　　〕と変化する。（p.112 ℓ.3）
⑨ネット上を**か**〔　　〕け巡る。（ℓ.12）
⑩**けいさつ**〔　　〕が遺体を調べる。（p.113 ℓ.4）
⑪語りが**うば**〔　　〕われる。（ℓ.6）
⑫人間の数を**はあく**〔　　〕する。（p.114 ℓ.6）
⑬発言に対し**こうぎ**〔　　〕する。（ℓ.14）
⑭**おどろ**〔　　〕きの顔の表情。（p.115 ℓ.1）
⑮方法を**もさく**〔　　〕する。（ℓ.5）
⑯技術を**かしん**〔　　〕する。（ℓ.11）
⑰**きょり**〔　　〕を置く。（ℓ.12）

2 太字の漢字の読みを記しなさい。

①**静脈**〔　　〕で識別する。（p.109 ℓ.1）
②**屈辱**〔　　〕的な経験。（ℓ.7）
③**偽造**〔　　〕を防ぐ。（p.110 ℓ.5）
④指の**皮膚**〔　　〕で触れる。（ℓ.6）
⑤**監視**〔　　〕カメラの設置。（p.111 ℓ.6）
⑥**迷子**〔　　〕を検知する。（ℓ.8）
⑦**膨大**〔　　〕なデータ。（ℓ.12）
⑧都市の**浮浪**〔　　〕者。（p.112 ℓ.6）
⑨指先が**鍵**〔　　〕になる。（ℓ.10）
⑩データの**解析**〔　　〕。（p.113 ℓ.8）
⑪**識字率**〔　　〕が低い。（ℓ.9）
⑫行動を**拒否**〔　　〕する。（ℓ.11）
⑬住民登録や**戸籍**〔　　〕。（p.114 ℓ.5）
⑭時代が**到来**〔　　〕する。（p.115 ℓ.4）
⑮私の中に**浸潤**〔　　〕する。（ℓ.11）
⑯耳を**傾**〔　　〕ける。（p.116 ℓ.1）
⑰**丁寧**〔　　〕に言語化する。（ℓ.7）

語句　知識・技能

1 次の太字の語句の意味を調べなさい。

①夜中に家の周りを**徘徊**《はいかい》する。（p.111 ℓ.8）
〔　　〕
②リアルとバーチャルが**錯綜**《さくそう》する。（p.114 ℓ.4）
〔　　〕
③科学技術が**はらむ**問題を考える。（ℓ.7）
〔　　〕

2 次の語句の対義語を書きなさい。

①多様　↕　〔　　〕（p.110 ℓ.3）
②向上　↕　〔　　〕（ℓ.9）
③需要　↕　〔　　〕（ℓ.12）
④詳細　↕　〔　　〕（p.113 ℓ.10）
⑤複雑　↕　〔　　〕（p.114 ℓ.6）

3 次の語句を使って短文を作りなさい。

①目覚ましい（p.109 ℓ.3）
〔　　〕
②歯切れの悪い（p.113 ℓ.15）
〔　　〕

論理の把握

1 空欄に本文中の語句を入れて、内容を整理しなさい。 思考力・判断力・表現力 ▶学習一

第一段落（初め～p.110 ℓ.2）

◎生体認証技術の目覚ましい発展 ▼イメージの変容
- ・かつて…〔ア　　〕・抑圧・服従＝負のイメージ
- ・現在　…SF映画の中の〔イ　　〕の社会のイメージ＝明るい反応

（対照的）

第二段落（p.110 ℓ.3～p.111 ℓ.9）

◎生体認証技術の多様化 ▼目的に応じた使い分け
【特徴】指紋、静脈、虹彩は「〔ウ　　〕」「終生不変」…高精度の認証が可能
【課題】〔エ　　〕やなりすましの防止→技術開発が進んでいる

◎顔と歩容を用いた認証 ▼近年、需要を拡大
注目される背景…「〔オ　　〕認証可能」という流行＝動画像による認証

第三段落（p.111 ℓ.10～p.113 ℓ.1）

◎動画像がはやる社会的背景 ▼「動的な世界」（ジョン・アーリ）
ヒトやモノ、さらに〔カ　　〕の移動にあふれた現代社会＝人は動的な存在として管理
→とどまることのない変化を捉える必要がある

◎生体認証技術の現在 ▼ネット上での個人の活動が常態化した時代
生体認証技術は、時にリアルとバーチャルをつなぐ〔キ　　〕となる

第四段落（p.113 ℓ.2～p.114 ℓ.2）

◎生体認証技術によって認証される「私」＝もの（個体）
生体認証技術…その人物が何者であるかを〔ク　　〕が決定するための道具
→本人の言葉を介さず〔ケ　　〕を鍵として個人の詳細な情報を取り出せる

第五段落（p.114 ℓ.3～終わり）

◎生体認証技術がはらむ問題 ▼リアルとバーチャルが錯綜する動的な世界において
生体認証技術の普及は必然だが、この技術に内在する暴力性については考えるべき
→データ解析による身に覚えのない判断が下された場合、異議申し立てができない
自分が何者であるかを決める権利を失う時代の到来
→〔コ　　〕でのコミュニケーションを通じて、「私」のさまざまな面と出会う機会を大切にし、テクノロジーがはらむ違和感に気づき、言語化することが必要

要旨

1 空欄に本文中の語句を入れて、全体の要旨を整理しなさい。 思考力・判断力・表現力

現在、生体認証技術は多様化し、特に近年では顔と〔ア　　〕といった動画像による認証の需要が拡大している。これは、現代社会が常に変化を捉える必要がある〔イ　　〕な世界だからである。しかし、データによって認証される「私」はもの（個体）にすぎない。私たちは〔ウ　　〕でのコミュニケーションによって「私」のさまざまな面と出会う機会を大切にし、〔エ　　〕がはらむ課題を違和感として気づける力を身につけ、言語化する必要がある。

2 右を参考にして、要旨を百字以内にまとめなさい。

内容の理解

思考力・判断力・表現力

第一段落（初め～p.110 ℓ.2）

1 生体認証技術において「指紋、静脈、虹彩」（一〇九・1）の持つ特徴を簡潔に表した四字の言葉を、本文中から二つ抜き出しなさい。

2 「指紋認証の歴史」（一〇九・5）について、かつて指紋認証技術はどういった場面で活用されてきたのか。本文中の語句を用いて答えなさい。

［　　　　］

3 「これらの技術」（一一〇・1）とはどのような技術のことか。端的に説明した部分を第一段落（初め～一一〇・2）から二十五字程度で抜き出しなさい。

第二段落（p.110 ℓ.3～p.111 ℓ.9）

4 「近年需要を拡大しているのが、顔と歩容を用いた認証である」（一一〇・12）について、次の問いに答えなさい。

(1)「顔と歩容を用いた認証」の需要が高まっているのはなぜか。次から選びなさい。

ア　指紋や静脈や虹彩などを利用した認証技術に比べ、顔と歩容の認証技術は開発にかかる費用を安く抑えられるから。

イ　指紋や静脈や虹彩などと異なり、人の顔と歩容は個々それぞれの特徴や癖などがはっきりと視覚化されやすいから。

ウ　指紋や静脈や虹彩などは認証時に対象が立ち止まる必要があるが、顔と歩容は対象が動いていても認証できるから。

エ　指紋や静脈や虹彩はたやすく偽造されてしまうというリスクがあるが、顔と歩容は偽造やなりすましが難しいから。

［　　］

第二段落（p.110 ℓ.3～p.111 ℓ.9）

(2)「顔と歩容を用いた認証」は、主にどのような場面で活用されているか。本文中の具体例に言及しながら、二つ答えなさい。

［　　　　］［　　　　］

第三段落（p.111 ℓ.10～p.113 ℓ.1）

5 「現代社会の特徴」（一一一・10）を説明しているひと続きの二文を抜き出し、初めと終わりの五字で答えなさい。　▼脚問2

～

6 「こうした状況は、改めて生体認証技術の歴史から眺めても納得がいく」（一一三・5）について、次の問いに答えなさい。

(1)「こうした状況」とは何をさすか。本文中から二十五字以内で抜き出しなさい。

(2)「こうした状況」が「生体認証技術の歴史から眺めても納得がいく」理由を、第三段落（一一一・10～一一三・1）内の語句を用いて答えなさい。

［　　　　］

第三段落（p.111 ℓ.10〜p.113 ℓ.1）

(3) (1)(2)をふまえて、「生体認証技術」はどういった目的で利用されているものだと言えるか、端的に述べた部分を抜き出して答えなさい。

〔　　〕

7 「リアルとバーチャルをつなぐインフラ」（一一三・13）とほぼ同じ意味の表現を、本文中から二十五字以内で抜き出しなさい。

第四段落（p.113 ℓ.2〜p.114 ℓ.2）

8 その人物が何者かを決定する際、「本人の語りは奪われる」（一一三・6）とはどういうことか。次から選びなさい。

ア　本人の言葉を介して説明や証明をさせないということ。
イ　本人の語る言葉を本人以外の誰も理解できないということ。
ウ　本人の言葉を二次的な判断材料として扱うということ。
エ　本人の話す内容をはじめから嘘《うそ》だと決めつけるということ。

〔　　〕

9 「現代の生体認証技術の普及」（一一三・16）についての筆者の考えを次のように説明したとき、空欄にあてはまる部分を本文中から五十字程度で抜き出し、初めと終わりの五字で答えなさい。

生体認証技術にはまだ未解決の問題もあるが、〔　　〕ため、この技術が普及するのは必然だろう。

〔　　　　　〕〜〔　　　　　〕

第五段落

10 生体認証技術の「プロセスに内在する暴力性」（一一四・9）とは何か。次から選びなさい。 ▼脚問4

ア　VIPのような重要人物と判断されたとき、望んでもいないサービスを受けたり意図せずメディアにさらされたりすること。
イ　自分に関する膨大な量のデータについて、その一つ一つをすべて確認させられたり面倒な手続きを求められたりすること。
ウ　個人を判別し意味づける手続きにおいて、担当者による恣意的な解釈やデータの悪用に対する法が整備されていないこと。
エ　データ解析により問題があると判断されたとき、その過程が示されず、身に覚えがないまま不利益をこうむる可能性のある状況に置かれること。

〔　　〕

第五段落（p.114 ℓ.3〜終わり）

11 「データ上の私が、肉体を伴った私の中に浸潤している」（一一五・10）とはどのような状況か。本文中の語句を用いて答えなさい。 ▼脚問5

〔　　〕

全体

12 新傾向 本文の学習を終えた四人の生徒が発言している。筆者の主張と合致する発言をしている生徒をすべて選びなさい。

生徒A：現代はテクノロジーが「私」を証明する時代、つまり自分が何者であるかを自分では決められない時代になってきていると筆者は懸念しているね。
生徒B：だからテクノロジーに関する専門知識を学ぶことが急務なんだけど、それだけでテクノロジーと安全に向き合えるわけではないよね。
生徒C：大切なのはテクノロジーに頼らない生活を実現することだね。そうすればデータも収集されないし、生体認証でトラブルも起きないよ。
生徒D：いや、対面でのコミュニケーションを通じて、データには現れない自分を発見して、違和感があれば言葉にして伝えていくことが肝要だよ。

生徒〔　　〕

学習目標　日本の都市政策やまちづくりの課題を理解し、筆者が主張する将来の社会のあり方を捉える。

コミュニティ空間としての都市（広井良典）

教科書 p.120～p.127

検印

漢字

知識・技能

1 太字の仮名を漢字に直しなさい。

① p.120 ℓ.1 **こうれい**〔　　〕者の割合。
② p.120 ℓ.1 人口が**げんしょう**〔　　〕する。
③ p.120 ℓ.7 文脈が**こと**〔　　〕なる。
④ p.121 ℓ.2 孤立を**かいひ**〔　　〕する。
⑤ p.121 ℓ.9 **きょうみ**〔　　〕深い資料。
⑥ p.122 ℓ.2 国の**なら**〔　　〕びに注目する。
⑦ p.122 ℓ.9 隣の家との**きょうかい**〔　　〕。
⑧ p.123 ℓ.6 **かくかぞく**〔　　〕を作り出す。
⑨ p.123 ℓ.13 地域**せいさく**〔　　〕と結びつく。
⑩ p.124 ℓ.4 あなたの**じたく**〔　　〕。
⑪ p.124 ℓ.5 アンケートへの**かいとう**〔　　〕。
⑫ p.125 ℓ.3 **しょうぎ**〔　　〕をさす。
⑬ p.125 ℓ.4 **せんとう**〔　　〕でくつろぐ。
⑭ p.125 ℓ.7 高度成長期**いこう**〔　　〕の日本。
⑮ p.125 ℓ.11 **わかもの**〔　　〕の居場所。
⑯ p.126 ℓ.1 **みな**〔　　〕が地域の中にいる。
⑰ p.126 ℓ.2 遠くの**つと**〔　　〕め先。

2 太字の漢字の読みを記しなさい。

① p.120 ℓ.1 **大幅**〔　　〕に増える。
② p.120 ℓ.10 否定的な**側面**〔　　〕。
③ p.121 ℓ.5 学生の間で**盛**〔　　〕り上がる。
④ p.121 ℓ.16 先進**諸国**〔　　〕の中の日本。
⑤ p.122 ℓ.7 **一見**〔　　〕、逆説的だ。
⑥ p.123 ℓ.8 機能不全に**陥**〔　　〕る。
⑦ p.123 ℓ.14 先ほど**言及**〔　　〕した。
⑧ p.124 ℓ.3 **首都圏**〔　　〕に住む。
⑨ p.124 ℓ.7 **親戚**〔　　〕の家へ行く。
⑩ p.124 ℓ.11 **団塊**〔　　〕世代の男性。
⑪ p.125 ℓ.3 商店街の**脇**〔　　〕。
⑫ p.125 ℓ.12 新たに**模索**〔　　〕する。
⑬ p.125 ℓ.15 **恐**〔　　〕れるべき事態。
⑭ p.125 ℓ.16 定常期の**江戸**〔　　〕時代。
⑮ p.126 ℓ.1 現役世代や**隠居**〔　　〕世代。
⑯ p.126 ℓ.3 コミュニティの**融合**〔　　〕。
⑰ p.126 ℓ.7 新事態へ**突入**〔　　〕する。

語句

知識・技能

1 次の太字の語句の意味を調べなさい。

① p.120 ℓ.4 人口の増加は今後はさらに**顕著**になるだろう。
〔　　〕
② p.124 ℓ.14 講義中に**冗談めかして**話をする。
〔　　〕

2 次の空欄にあとから適語を選んで入れなさい。

① p.120 ℓ.6 財宝を〔　　〕争いが巻き起こる。
② p.123 ℓ.12 調査結果を〔　　〕解決策を練る。
③ p.124 ℓ.9 街角に〔　　〕空を眺めた。
④ p.125 ℓ.4 ソファで〔　　〕テレビを見る。
（たたずんで　めぐって　くつろいで　ふまえて）

3 次の語句を使って短文を作りなさい。

① p.120 ℓ.9 概して
〔　　〕
② p.120 ℓ.10 ポジティブ
〔　　〕
③ p.121 ℓ.5 ひとしきり
〔　　〕

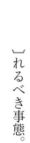

論理の把握

1 空欄に本文中の語句を入れて、内容を整理しなさい。　思考力・判断力・表現力　▼学習一

第一段落（初め〜p.120 ℓ.5）

◎高齢化＋人口減少社会＝「（ア）」世帯が大幅に増える時代
↓今後も著しく増加していく

第二段落（p.120 ℓ.6〜p.123 ℓ.11）

◎「孤独」「孤立」＝〝古くて新しい〟テーマ――〔資料〕「社会的孤立度」の国際比較
↓調査結果　先進諸国の中で、（イ）が最も「社会的孤立度」が高い
・（ウ）主義的な傾向の強い国…社会的孤立度が低い
・（エ）主義的な傾向の強い国…社会的孤立度が高い
☆日本は典型的な（オ）的な傾向の強い国

◎日本社会の特徴
・「農村型コミュニティ」＝〝集団の中に個人が埋没しがちな関係性〟
・「都市型コミュニティ」＝〝独立した個人がゆるくつながるような関係性〟
↓戦後の日本社会：都市の中の「カイシャ」と「核家族」…（カ）型コミュニティ
↓近年の日本社会：「カイシャ」と「核家族」が機能不全
今後の日本社会の課題「（キ）型コミュニティ」の確立

第三段落（p.123 ℓ.12〜p.125 ℓ.13）

◎「居場所」＝〝そこで安心できる場所、自分の存在が確認できる場所〟
・高齢者を対象とした「居場所」に関するアンケート調査（二〇一四）
↓とくに男性を中心に、しかし女性も含めて、現在の日本の都市や地域においては、安心できる「居場所」が概して（ク）という傾向
☆日本の都市や地域は、「（ケ）空間」としての性格が不十分

第四段落（p.125 ℓ.14〜終わり）

◎筆者が希望をこめる今後の展望
もともと日本人は皆、江戸時代などにおいて地域の中で暮らしていた
↓「地域密着人口」の増加という構造変化…〝（コ）〟への移行
＝「カイシャ人間」中心の時代から「（サ）人間」中心の時代への移行

要旨

1 空欄に本文中の語句を入れて、全体の要旨を整理しなさい。　思考力・判断力・表現力

日本は高齢化と人口減少によって「（ア）」世帯が増え、先進諸国で最も社会的（イ）が高いという調査結果も出ている。背景には、戦後の日本が都市に作った「カイシャ」と「核家族」という「（ウ）型コミュニティ」の機能不全が関係している。退職高齢者が増加する中で、「（エ）コミュニティ」の確立が日本社会の課題となる。その際、「（オ）」という視点からまちづくりや都市・地域政策を考えることが重要となる。

2 右を参考にして、要旨を百字以内にまとめなさい。

内容の理解

第二段落（p.120 ℓ.6〜p.123 ℓ.11）

思考力・判断力・表現力

1 「ある女子の学生が『孤独を問い直す』ということを卒業論文のテーマにしていた」（一二〇・8）とあるが、なぜ学生は問い直そうと考えたのか。本文中の語句を用いて四十五字以内で答えなさい。

2 新傾向 「次のような興味深い資料」（一二二・9）とあるが、この資料と本文から読み取れることを次からすべて選びなさい。

ア 「社会的孤立度」の高さにおいて、日本は韓国の約二倍、イギリスやベルギーの約三倍にあたる。
イ 日本もオランダも個人主義的な傾向の強い国であるが、両国の「社会的孤立度」には大差がある。
ウ 日本は先進諸国の中では一人暮らしの人が多いため、友人や家族と会う機会が少なくなっている。
エ 〝家族以外〟の他者と「まったく会わない」度合いが最も高いのはメキシコで、アイルランドの約五倍にあたる。

〔　　〕

3 「個人主義的と呼ばれる傾向の強い国のほうが、概して社会的孤立度が低」（一二三・3）いのはなぜか。その理由がわかる部分を、「〜から。」に続く形で本文中から六十字で抜き出し、初めと終わりの五字で答えなさい。

〜　から。

4 「この種の話題」（一二三・14）とは、どのような話題か。次から選びなさい。

ア 社会的孤立度の高低は、個人主義的な傾向が強いか、家族主義的な傾向が強いかによって決まるという話題。
イ 個人主義的傾向が強い国のほうが概して社会的孤立度が高いという調査結果が、一般的な感覚とずれがあるという話題。
ウ 日本は家族主義的で「ウチとソト」の境界が強く、家族や集団を越えたつながりが希薄になりやすいという話題。
エ 個人主義的傾向が強い国は、独立した個人どうしが集団を越えてつながるため、孤立しにくいという話題。

〔　　〕

第二段落（p.120 ℓ.6〜p.123 ℓ.11）

5 「それ」（一二三・8）とは何をさしているか。本文中の語句を用いて四十字以内で答えなさい。（記号も字数に含める） ▼脚問3

6 「『居場所』という話題に関し……行った調査結果」（一二四・2〜3）について、筆者はこの調査結果からどのような傾向を読み取ったのか。本文中から四十字以内で抜き出し、初めと終わりの五字で答えなさい。

〜

第三段落（p.123 ℓ.12〜p.125 ℓ.13）

7 「〝団塊世代（の男性）の地域デビュー（の難しさ）〟」（一二四・11）とあるが、団塊世代のような退職した男性には居場所がないという問題の背景を説明した次の文の空欄にあてはまる語句を、本文中から二十五字以内で抜き出しなさい。（記号も字数に含める）

高度成長期以降の日本を生きてきた男性にとって〔　　〕ということ。

第三段落（p.123 ℓ.12～p.125 ℓ.13）

8「〝病院の待合室が高齢者で混み合うのは、現在の日本の都市では、それ以外に行く場所がないからだ〟というのは、ある意味で真実だろう。」（一二四・15）について、次の問いに答えなさい。▼脚問4

(1)「現在の日本の都市では、それ以外に行く場所がない」とあるが、かつての日本の街はどうだったのか。本文中から五十六字で抜き出し、初めと終わりの五字で答えなさい。

～

(2)「ある意味で真実だろう。」から、筆者のどのような思いが読み取れるか。次から選びなさい。

ア　現在の日本の都市では病院の待合室が高齢者の「コミュニティ空間」として最も理想的だという思い。

イ　現在の日本の都市では車などの移動手段を持たない高齢者は徒歩で近所の病院に行くくらいしかないという思い。

ウ　現在の日本の都市には高齢者の「コミュニティ空間」として機能するような居場所が実際に少ないという思い。

エ　現在の日本では健康な生活を送りたい高齢者にとって病院だけが安心できる唯一の場所だという思い。

〔　　〕

第四段落

9「地域」（一二六・1）とは、ここではどのような場所か。本文中から三十字で抜き出しなさい。（記号も字数に含める）

第四段落（p.125 ℓ.14～終わり）

10「〝なつかしい未来〟への移行」（一二六・7）について、次の問いに答えなさい。

(1)「〝なつかしい未来〟への移行」を具体的に言い換えた箇所を本文中から三十字前後で抜き出し、初めと終わりの五字で答えなさい。（記号も字数に含める）

～

(2)「〝なつかしい未来〟」という表現から、筆者のどのような思いが読み取れるか。次から選びなさい。

ア　高齢化によって「地域密着人口」が増えることは、誰もが地域の中で暮らしていた時代の再来を意味しており、心ひかれる。

イ　退職高齢者の増加に伴う「地域密着人口」の増加という構造変化は日本人にとって未経験の事態であり、希望が持てる。

ウ　これまでの日本社会の「カイシャと家族」というあり方からの転換は容易ではないと、日本社会の行く末を懸念する。

エ　高齢化に伴い人口減少社会が訪れて江戸時代の生活に戻ると、現在よりも不便になることが予想され、不安である。

〔　　〕

11 新傾向 **本文の学習を終えた四人の生徒が発言している。筆者の主張に合致した発言をしている生徒を一人選びなさい。**

生徒A：現在の日本では「居場所」を意識したまちづくりが課題となっているけど、これは高齢者に限定された課題なんだよね。

生徒B：そう、現在の日本のまちづくりでは、子供や若者の居場所は優先的に作られたから、十分整っているんだよね。

生徒C：筆者は日本社会のネガティブな面も指摘しつつ、展望として地域を拠点に生活を営む素地があることに希望を抱いているよ。

生徒D：同時に、「カイシャと家族」を重視していた高度成長期の日本社会へのゆるやかな回帰も、今後の都市設計の重要な鍵になるね。

生徒〔　　〕

学習目標　人と世界をつなぐ仲立ちとなるメディアや道具について、「第二の身体」という観点から捉える。

「第二の身体」としてのメディアと技術（若林幹夫）

教科書p.129～p.141

検印

漢字

1 太字の仮名を漢字に直しなさい。

p.129 ℓ.4 ①**ざっし**〔　　〕を読む。
p.129 ℓ.10 ②**しょうさい**〔　　〕に記録する。
p.130 ℓ.8 ③**おんきょう**〔　　〕メディア。
p.130 ℓ.8 ④**えいぞう**〔　　〕を届ける。
p.131 ℓ.14 ⑤**りんじょう**〔　　〕感を持つ。
p.132 ℓ.15 ⑥情報を**ちくせき**〔　　〕する。
p.133 ℓ.12 ⑦山頂に**とうたつ**〔　　〕する。
p.135 ℓ.3 ⑧**たいこ**〔　　〕の昔。
p.135 ℓ.4 ⑨**のうこう**〔　　〕定住生活をする。
p.135 ℓ.12 ⑩口伝の**きおく**〔　　〕。
p.136 ℓ.6 ⑪能力を**はっき**〔　　〕する。
p.137 ℓ.8 ⑫知識の**へんざい**〔　　〕化。
p.137 ℓ.12 ⑬**こうてい**〔　　〕的に捉える。
p.138 ℓ.5 ⑭最初から**そな**〔　　〕わる。
p.138 ℓ.13 ⑮食料を**ちょぞう**〔　　〕する。
p.139 ℓ.1 ⑯一人で**どくせん**〔　　〕する。
p.139 ℓ.12 ⑰写真に**と**〔　　〕られる。

2 太字の漢字の読みを記しなさい。

知識・技能

p.129 ℓ.2 ①メディアが**媒介**〔　　〕する。
p.129 ℓ.11 ②書き写して**流布**〔　　〕させる。
p.130 ℓ.4 ③**娯楽**〔　　〕的な読み物。
p.131 ℓ5 ④身体を**拡張**〔　　〕する。
p.131 ℓ.15 ⑤次回作を待ち**焦**〔　　〕がれる。
p.133 ℓ.1 ⑥**医療**〔　　〕器具を使う。
p.133 ℓ.5 ⑦機械を**制御**〔　　〕する。
p.133 ℓ.15 ⑧強い**殺傷**〔　　〕力がある。
p.134 ℓ.6 ⑨ビールを**醸造**〔　　〕する。
p.134 ℓ.7 ⑩**室**〔　　〕を使って発酵させる。
p.136 ℓ.8 ⑪**記念碑**〔　　〕を作り上げる。
p.137 ℓ.3 ⑫専門家に**委**〔　　〕ねる。
p.137 ℓ.16 ⑬個々人の**趣味**〔　　〕。
p.138 ℓ.6 ⑭**奇妙**〔　　〕な出来事。
p.138 ℓ.8 ⑮手で**裂**〔　　〕く。
p.140 ℓ.2 ⑯私たちを**誘惑**〔　　〕する。
p.140 ℓ.6 ⑰世界を**変貌**〔　　〕させる。

語句

知識・技能

1 次の太字の語句の意味を調べなさい。

p.136 ℓ.2 ①私の暮らす地域では**灌漑**《かんがい》による稲作が盛んだ。
〔　　〕
p.136 ℓ.15 ②日本の戦後史の一つの**画期**をなす事件だ。
〔　　〕

2 次の語の意味をあとから選んで入れなさい。

p.129 ℓ.2 ①メディア〔　　〕
p.130 ℓ.13 ②リアリティ〔　　〕
p.131 ℓ.14 ③リアル・タイム〔　　〕
p.137 ℓ.2 ④メカニズム〔　　〕

（即時　媒体　機構　現実性）

3 次の語句を使って短文を作りなさい。

p.129 ℓ.5 ①さしあたり
〔　　〕
p.135 ℓ.5 ②格段に
〔　　〕
p.139 ℓ.7 ③帯びる
〔　　〕

論理の把握

1 空欄に本文中の語句を入れて、内容を整理しなさい。　思考力・判断力・表現力　▼学習一

第一段落（初め～ p.132 ℓ.12）	第二段落（p.132 ℓ.14～p.135 ℓ.1）	第三段落（p.135 ℓ.3～p.136 ℓ.10）	第四段落（p.136 ℓ.12～終わり）
メディアが身体の「代行」をするという言い方は、実は正確ではない （例）文字…言語と人間や社会の関係を変容させ、〔ア　　〕を変容させる 音響・映像メディア…「今・ここ」を超えた広がりを持ち得るという新しい経験 →音響・映像メディアを受容した社会…世界の見え方、現れ方、世界に対する私たちの〔イ　　〕しかた、社会的なつながりの広がりや形が変容 →マクルーハン　メディアのはたらきを「〔ウ　　〕」と捉えた ◎メディアは拡張、変換された〔エ　　〕とでも言うべき存在	人間が自己や他者、社会や世界にはたらきかけるための〔オ　　〕となる物は「道具」「機械」と呼ばれ、それらを用いたりする方法は「技術」と呼ばれる 人間…コミュニケーションのメディアだけでなく、道具や機械の中にも住み込み、それらを仲立ちとして、他者や社会や世界との〔カ　　〕を生きている →道具や機械は「メディア＝〔キ　　〕」と呼び得る	太古の昔…コミュニケーションのメディアも道具もごく限られたもの 〔ク　　〕生活…道具の数は格段に増加。道具が作り出す「物のネットワーク」に支えられた社会生活。道具に記された印・記号・文字＝情報メディア 古代都市文明のような都市や国家…道具はさらに増加。時に巨大化し、多様化した道具の中に大量の人々が暮らし、道具をメディアとしてつながる社会が出現 さまざまな道具を組み合わせ、巨人的な「〔ケ　　〕」を作り上げた	現代の社会…大量の道具や機械、高度な〔コ　　〕性と応用性を持つ技術の上に存在 道具・技術＝人間の延長でありながら、人間の意図を超えた〈〔サ　　〕的〉な存在 技術は人間には知ることのできない意味を帯びていて「不気味」 ［だが］〔シ　　〕を手にしたときから人間の生きる世界は不気味なものになり始めた

要旨

1 空欄に本文中の語句を入れて、全体の要旨を整理しなさい。　思考力・判断力・表現力

道具や機械や技術などのメディアは、身体を拡張させた「〔ア　　〕」と言うべき存在だ。人間はコミュニケーション・メディア以外の道具や機械も仲立ちとして他者や社会や世界との〔イ　　〕を生きている。社会が高度化した現代、機械や技術は私たちの〔ウ　　〕を超えた〈〔エ　　〕的〉で「不気味」な存在として現れるが、〔オ　　〕になってから不気味になったのではなく、道具を手にしたときから人間の生きる世界は不気味なものになり始めたのだ。

2 右を参考にして、要旨を百字以内にまとめなさい。

内容の理解

思考力・判断力・表現力

第一段落（初め〜p.132 ℓ.12）

1 **「さしあたり言うことができる」**（一二九・5）**とあるが、筆者がこのように表現した理由の説明として適当なものを次から選びなさい。** ▼脚問1

ア メディアが身体を介したつながりの「代行」をすると考えるのは、誤った解釈だということを読者に印象づけるため。

イ メディアが身体を介したつながりの「代行」をするというのは誤りではないが、これだけではないことを読者に伝えるため。

ウ メディアが身体を介したつながりの「代行」をすることについて、この後の文章で解説していくことを読者に予告するため。

エ メディアが身体を介したつながりの「代行」をするべきではないという自身の考えを、読者に伝えるため。

〔　　〕

2 **「そのような経験」**（一三〇・14）**を説明した次の文の空欄にあてはまる語句を本文中から抜き出しなさい。**

音響メディア・映像メディアにより、時間的・空間的に〔①〕が、現に耳で聞き、目で見ることのできる〔②〕を持つ場所として、〔③〕に組み込まれるという経験。

①　　②　　③

3 **「身体の拡張」**（一三一・5）**について、新聞というメディアが読者の身体をどのように拡張するのかを説明した次の文の空欄にあてはまる語句を、本文中から抜き出しなさい。**

新聞の紙面を通じて、読者が〔①〕をめぐる情報やイメージや知識へと、自分の〔②〕を拡張する。

①　　②

第一段落（初め〜p.132 ℓ.12）

4 **「筆者はメディアを『第二の身体』とでも言うべき存在」**（一三一・5）**と述べているが、その根本にある筆者の「身体」の捉え方がわかる箇所を本文中から二十字程度で抜き出しなさい。** ▼脚問3

5 **「こうしたもの」**（一三一・14）**とは、どういうものか。本文中の語句を用いて、三十五字以内で答えなさい。**

第二段落（p.132 ℓ.14〜p.135 ℓ.1）

6 **「道具や機械は、そういう意味で、やはり『メディア＝媒体』と呼び得るものなのだ」**（一三四・14）**とあるが、どういう意味でメディアと言えるのか。本文中の語句を用いて四十五字以内で答えなさい。**

第三段落（p.135 ℓ.3〜p.136 ℓ.10）

7 新傾向 **「農耕定住生活をする」**（一三五・4）**ようになった人々と道具の関係について、複数の生徒が説明をしている。説明の内容が適切なものには○、不適切なものには×を書きなさい。**

生徒A：人々が身の回りに置く道具の数がはるかに増えて、そのうちいくつかの物には印や記号や文字が記されるようになったことで、口伝の記憶ではなく情報メディアという道具が生活を支えるようになったね。〔　〕

生徒B：太古の昔と比較すると、社会生活を営むために必要最低限の道具である住居や集落、道や広場などといった、集団内で共有する道具は増えたけれど、個々人が身の回りに置く道具の数は激減したようだね。〔　〕

生徒C：人間が農耕定住をするようになっても、太古の昔とほとんど変わりなく、コミュニケーションのメディアやそれ以外の道具はごく限られたものをごく限られた一部の権力者だけが所有していたようだね。〔　〕

生徒D：住居やその集合体である集落、歩くための道や人々の活動で利用する広場など、太古の昔よりはるかに多くの道具に囲まれ、それらの道具が作り出す「物のネットワーク」に支えられた社会生活を営んでいたと言えるね。〔　〕

8 **「こうした古代文明のあり方をさして『巨大機械《メガマシン》』と呼んだ」**（一三六・3）**とあるが、この「巨大機械」を別の語句で言い換えている表現を、本文中から二十字で抜き出しなさい。（記号も字数に含める）**

第四段落（p.136 ℓ.12〜終わり）

9 **「現代の社会は、……技術の上に存在している」**（一三六・12〜14）**とあるが、現代社会についての、肯定的な捉え方（Ⅰ）と否定的な捉え方（Ⅱ）を本文中からそれぞれ二十字程度で抜き出しなさい。**

Ⅰ

Ⅱ

10 **「道具や機械や技術に〈他者〉という人間をさす言葉を使う」**（一三六・6）**とあるが、その理由として適当なものを、次から選びなさい。**〔　〕

ア　道具や機械や技術は人間の意図どおりのはたらきをするため、人間の一部として人間をさす言葉で表現するほうが都合がよいから。

イ　個人では道具や機械や技術を制御し尽くすことはできないが、専門家であれば道具などを制御し尽くすことも可能になるから。

ウ　道具や機械や技術は人間ではないが、人間の身体による世界や他者へのはたらきかけの延長上に現れてくるものだから。

エ　道具や機械や技術は時に人間の思いのままにならないが、どのような結果になるかわからないところに人間らしさが感じられるから。

11 **「このことは、情報メディアという道具やその技術にも当てはまる」**（一三九・9）**とあるが、これより後の本文から「このこと」の内容を説明している箇所を九十字以上百字以内で抜き出し、初めと終わりの五字で答えなさい。** ▼脚問8

〜

学習目標　「対話」と「おしゃべり」との違いに注目して、「対話」の意味や目的を捉える。

対話の意味（細川英雄）

教科書p.144～p.148

検印

漢字

1 太字の仮名を漢字に直しなさい。

①（p.144 ℓ.3）確実かほしょう〔　〕できない。
②（ℓ.4）話し方こうざ〔　〕が開かれる。
③（ℓ.8）それじたい〔　〕は悪くない。
④（ℓ.10）大きなかだい〔　〕がある。
⑤（p.145 ℓ.5）あのことがきら〔　〕いだ。
⑥（ℓ.8）ストレスのはっさん〔　〕。
⑦（ℓ.13）あるていど〔　〕進む。
⑧（ℓ.15）ちょっとよだん〔　〕になる。
⑨（p.146 ℓ.3）さいだいげん〔　〕の努力。
⑩（ℓ.10）相手のりょういき〔　〕に入る。
⑪（ℓ.14）人は何をえ〔　〕るのか。
⑫（p.147 ℓ.6）社会をけいせい〔　〕する。
⑬（ℓ.8）他者というみち〔　〕の存在。
⑭（ℓ.17）話をけんとう〔　〕する。
⑮（p.148 ℓ.4）やくわり〔　〕を果たす。
⑯（ℓ.7）すいろん〔　〕を述べる。
⑰（ℓ.10）最終段階にいた〔　〕る。

2 太字の漢字の読みを記しなさい。　知識・技能

①（p.144 ℓ.6）感情的に話しては駄目〔　〕だ。
②（ℓ.13）他者不在〔　〕の言語活動。
③（p.145 ℓ.3）相手の存在を無視〔　〕する。
④（ℓ.7）思いを吐〔　〕き出す。
⑤（ℓ.16）聴衆〔　〕に語りかける。
⑥（p.146 ℓ.1）常〔　〕に相手を想定する。
⑦（ℓ.9）思いを伝える行為〔　〕。
⑧（ℓ.12）発言を促〔　〕す。
⑨（ℓ.12）他者と交渉〔　〕を重ねる。
⑩（ℓ.18）荷物を背負〔　〕う。
⑪（p.147 ℓ.3）複雑〔　〕な関係にある。
⑫（ℓ.11）詳〔　〕しく調べる。
⑬（p.148 ℓ.4）情緒〔　〕が作用する。
⑭（ℓ.9）外側に現〔　〕れた言葉。
⑮（ℓ.12）他者が反応〔　〕する。
⑯（ℓ.17）思考と表現の往還〔　〕。
⑰（ℓ.17）言語活動の充実〔　〕。

語句

1 次の太字の語句の意味を調べなさい。　知識・技能

①（p.144 ℓ.4）巷《ちまた》でうわさになる。〔　〕
②（p.145 ℓ.17）自己満足的にとうとうと話している。〔　〕
③（p.148 ℓ.17）思考と表現の往還の活性化が重要だ。〔　〕

2 次の空欄にあとから適語を選んで入れなさい。

①（p.144 ℓ.3）相手の話に〔　〕を傾ける。
②（p.145 ℓ.6）「そうですか」と〔　〕を打つ。
③（p.148 ℓ.3）周りの現象が〔　〕に入る。
④（ℓ.8）内言が外言として〔　〕を現す。
（目　耳　姿　相槌）

3 次の語句を使って短文を作りなさい。

①（p.145 ℓ.2）独りよがり〔　〕
②（p.147 ℓ.12）～にすぎない〔　〕

論理の把握

思考力・判断力・表現力

1 空欄に本文中の語句を入れて、内容を整理しなさい。

第一段落（初め～p.144 ℓ.11）	第二段落（p.144 ℓ.12～p.145 ℓ.18）	第三段落（p.146 ℓ.1～p.147 ℓ.9）	第四段落（p.147 ℓ.10～終わり）
対話において「思ったことを〔ア　　〕に話す」こと自体は悪いことではない。ただ、それがおしゃべりになってしまうという大きな課題がある。	「おしゃべり」とは ・相手のことを考えない〔イ　　〕の言語活動 ・〔ウ　　〕的な世界の話であり、それ以上の発展性がない ↓おしゃべりは〔エ　　〕（独り言）に近い ⇕ 対話（〔オ　　〕）とは ・常に他者としての相手を想定し、相手に伝えるための手続きのプロセスがある ・他者存在としての相手の〔カ　　〕に大きく踏み込み、相互関係を構築する言葉の活動	対話によって得ることができるもの 対話 ｛・他者としての異なる価値観を受け止める ・〔キ　　〕としての社会の複数性、複雑さも引き受ける ↓社会の中で他者とともに生きることを学ぶため、個人が言葉を使って自由に活動できる〔ク　　〕を形成する可能性にもつながる	「対話」という活動の一つの原理＝「私のテーマ」の発見 〈自分の思考と表現の関係〉 現象（対象）に対して感覚・感情（〔ケ　　〕）が働く ←エンジンがかかる 思考・推論（〔コ　　〕）が、表現（外言）として姿を現す ←（自分自身の考えを初めて自分の言葉として自覚） 言語コミュニケーション 表現（外言）に他者が反応し、〔サ　　〕と呼ばれる相互関係作用が起こる ↓ 思考と表現の往還の活性化が言語活動の充実につながる

要旨

思考力・判断力・表現力

1 空欄に本文中の語句を入れて、全体の要旨を整理しなさい。

「おしゃべり」は他者〔ア　　〕の言語活動であるのに対し、対話は他者と相互に〔イ　　〕を構築する活動だ。対話は他者としての異なる価値観を受け止めるだけでなく、社会の複数性、〔ウ　　〕も引き受けるため、対話によって人は社会の中で、他者とともに生きることを学ぶ。また、対話とは、〔エ　　〕・感情（情緒）に支えられた思考・推論（内言）を表現（外言）へと展開していくことであり、その往還の〔オ　　〕が言語活動の充実につながる。

2 右を参考にして、要旨を百字以内にまとめなさい。

内容の理解

思考力・判断力・表現力

第一段落（初め～p.144 ℓ.11）

1 **「『思ったことを感じるままに話しては駄目だ』という意見」（一四四・5）とあるが、この意見に対して筆者はどう考えているか。次から選びなさい。**

ア　思ったことを感じるままに話すことは、お互いに感情的になってしまうので避けるべきである。

イ　思ったことを感じるままに話してもよいが、一方的なおしゃべりになってしまってはならない。

ウ　ただのおしゃべりになってしまうので、思ったことを感じるままに話すのはよくない。

エ　思ったことを感じるままに話すべきだが、感情的にならないように注意すべきである。

〔　　〕

第二段落（p.144 ℓ.12～p.145 ℓ.18）

2 **「ここで言う『おしゃべり』」（一四四・12）について、次の問いに答えなさい。**

(1) **新傾向** **「ここで言う『おしゃべり』」の具体例として適当なものを次から選びなさい。**

ア　お互いに興味を持っている政治問題について意見を出し合う。

イ　好きな音楽について話して相手に興味を持ってもらおうとする。

ウ　日本史についてのうんちくを相手にひとしきり話して満足する。

エ　新聞記事の内容について自分の考えを話して相手の感想を求める。

〔　　〕

(2) **「おしゃべり」の利点と限界について、筆者はどのように考えているか。本文中の語句を用いて三十五字以内で書きなさい。**

〔解答欄〕

第二段落（p.144 ℓ.12～p.145 ℓ.18）

3 **「実際は、モノローグ（独り言）に近い」（一四五・12）とあるが、なぜそう言えるのか。次から選びなさい。**

ア　おしゃべりの多くは自分の思ったことや感じたことを相手に共感してもらうために話すものだから。

イ　おしゃべりは自分の感情をこめずに目の前の出来事を冷静に伝えるものだから。

ウ　おしゃべりは相手の存在を無視して話すため、相手との間に表面上のやりとりすらも生まれないものだから。

エ　おしゃべりはお互いに自分の話したいことを話すだけで完結しており、対話になっていないものだから。

〔　　〕

第三段落（p.146 ℓ.1～p.147 ℓ.9）

4 **新傾向** **「ダイアローグとしての対話」（一四六・1）と「おしゃべり」の違いについて、二人の生徒が話し合っている。空欄にあてはまる語句を、本文中から抜き出して答えなさい。**

生徒A：「おしゃべり」は〔　①　〕としての相手の存在をほぼ無視して話すことであるのに対して、「対話」では常にそれを考えて話すのだとあるね。

生徒B：「おしゃべり」は自分の知っている情報をただ独りよがりに話すだけだけれど、「対話」には相手に伝えるために最大限の努力をするという〔　②　〕があるというんだね。

①〔　　〕

②〔　　〕

5 **「対話成立のポイント」（一四六・5）として最も大切なことは何か。次から選びなさい。**

ア　話をするときにその場に相手がいること。

イ　話す話題が相手にとって何らかの意味を持ち得ること。

ウ　相手にとって理解しやすい話題を提示すること。

エ　話す話題について相手が十分な知識を持っていること。

〔　　〕

第三段落（p.146 ℓ.1〜p.147 ℓ.9）

6 **「対話の活動によって、人は社会の中で、他者とともに生きることを学ぶ」**（一四七・3）**とあるが、筆者がこのように述べる理由を次から選びなさい。**

ア　対話とは、他者と密接な人間関係を構築すると同時に、相手と同じ価値観を共有することにもつながる活動だから。

イ　人は対話という活動を通じて、他者と交渉したり、説得したりするためのスキルを身につけていくものだから。

ウ　人は対話を通じて、相手との人間関係だけなく、その背後に連なる多様な社会ともつながりを持つことになるから。

エ　対話によって他者との関係を構築することで、社会やコミュニティーの制約の下で生きる方法を知ることになるから。

〔　　〕

7 **「それぞれの個人が言葉を使って自由に活動できる社会」**（一四七・6）**とはどのような社会か。次から選びなさい。**

ア　すべての個人に自由な発言をする権利が保証されている社会。

イ　誰もが言葉を通じて自分の考えを反映させていける社会。

ウ　誰もが対話という活動によって良好な人間関係を築いている社会。

エ　言語の違いによる制約を受けずに自由に暮らしていける社会。

〔　　〕

第四段落（p.147 ℓ.10〜終わり）

8 **「あなた自身の対話活動のオリジナリティ」**（一四七・13）**を見つけるために筆者は何が必要だと述べているか。本文中から十字で抜き出しなさい。**
（記号を字数に含める）　▼脚問2

9 **「思考と表現の関係として検討してみることにしましょう。」**（一四七・17）**とあるが、ここでの「思考」「表現」を、別の言葉で言い換えている部分を、「思考」については十八字、「表現」については八字で本文中から抜き出しなさい。**

思考

表現

第四段落（p.147 ℓ.10〜終わり）

10 **「このプロセスの総体」**（一四八・13）**とあるが、次のア〜カを一連のプロセスの順に並べなさい。**　▼脚問4

ア　思考・推論（内言）の展開

イ　相互関係作用

ウ　自分の周りの現象を認識

エ　表現（外言）として表出

オ　外言に他者が反応

カ　感覚・感情（情緒）の喚起

〔　→　→　→　→　→　〕

11 **「この往還」**（一四八・17）**とは、何をさしているか。本文中から十五字で抜き出しなさい。**

12 **筆者の考えと合致するものを次から選びなさい。**

ア　身の回りの現象を理性を通して認識することによって、それについての思考や推論を進めることができる。

イ　表には現れない思考を、身振りや手振りといった身体活動を伴う表現に展開することが言語活動の基本である。

ウ　人は自分の内なる思考が表現となることによって、初めて自分の考えていることを自覚することができる。

エ　自分なりにものを考え表現するという行為は、「他者とはどういう存在か」という問いかけから発するものである。

〔　　〕

身体的表現の関係性（野村雅一）

学習目標　言語と身体的表現との違いに注目して、身体的コミュニケーションの特徴を捉える。

教科書p.149～p.152

検印

漢字

知識・技能

1 太字の仮名を漢字に直しなさい。

p.149
- ℓ.2 ①なかなか**むずか**〔　〕しい。
- ℓ.2 ②**ざっとう**〔　〕の中を歩く。
- ℓ.6 ③一定の**きょり**〔　〕に近づく。
- ℓ.9 ④お年寄りに席を**ゆず**〔　〕る。
- ℓ.9 ⑤新聞の**とうしょ**〔　〕。
- ℓ.13 ⑥**しせん**〔　〕を交わす。

p.150
- ℓ.2 ⑦**ぜんてい**〔　〕になるやりとり。
- ℓ.7 ⑧**いせい**〔　〕の友人ができる。
- ℓ.7 ⑨**しゅんじ**〔　〕に判断する。
- ℓ.13 ⑩もう少し**げんみつ**〔　〕に言う。
- ℓ.15 ⑪**げきじょう**〔　〕に行く。
- ℓ.15 ⑫**だんかい**〔　〕的に進める。
- ℓ.17 ⑬発信者の**いと**〔　〕。

p.151
- ℓ.3 ⑭**かんよう**〔　〕的なしぐさ。
- ℓ.11 ⑮**ふくすう**〔　〕の人間がいる。
- ℓ.12 ⑯**ひじょう**〔　〕に重要だ。
- ℓ.17 ⑰人と人が**そうぐう**〔　〕する。

2 太字の漢字の読みを記しなさい。

p.149
- ℓ.1 ①出会いが**生**〔　〕じる。
- ℓ.3 ②**見劣**〔　〕りはしない。
- ℓ.4 ③**会釈**〔　〕を交わす。
- ℓ.5 ④**珍**〔　〕しくないこと。
- ℓ.7 ⑤**挨拶**〔　〕をする。
- ℓ.11 ⑥**傘**〔　〕に入れてあげる。
- ℓ.13 ⑦**相互**〔　〕の認知がある。
- ℓ.14 ⑧**欧米**〔　〕人の表現。
- ℓ.14 ⑨**笑顔**〔　〕を作る。
- ℓ.15 ⑩一時的に**共有**〔　〕する。

p.150
- ℓ.1 ⑪公共の場での**作法**〔　〕。
- ℓ.1 ⑫無表情を**装**〔　〕う。
- ℓ.9 ⑬**俗**〔　〕に使われる表現。
- ℓ.13 ⑭**双方向**〔　〕的な伝達。

p.151
- ℓ.18 ⑮両方とも**疑**〔　〕わしい。
- ℓ.7 ⑯**影響**〔　〕を及ぼす。
- ℓ.18 ⑰身体表現が**媒介**〔　〕する。

語句

知識・技能

1 次の太字の語句の意味を調べなさい。

p.151
- ℓ.14 ①ある問題に**出くわす**。
〔　　　　〕
- ℓ.18 ②人間関係の中には、**のっぴきならぬ**ものもある。
〔　　　　〕

2 次の空欄にあとから適語を選んで入れなさい。

- p.149 ℓ.4 ①〔　〕大勢の人とすれ違っても、何の挨拶もしない。
- p.151 ℓ.5 ②出会いは〔　〕、その予感すらない。
- ℓ.5 ③〔　〕しばらくの間でも休憩したい。

（いくら　ほんの　おろか）

3 次の語句を使って短文を作りなさい。

- p.149 ℓ.3 ①見劣り
〔　　　　〕
- p.150 ℓ.3 ②いったん
〔　　　　〕
- p.151 ℓ.1 ③たとえ～ても
〔　　　　〕

論理の把握

1 空欄に本文中の語句を入れて、内容を整理しなさい。 思考力・判断力・表現力

第一段落
（初め～ p.150 ℓ.8）

【問題提起】人と人の出会いはどのようにして生じるのだろうか

人と人が一定の距離に近づいただけでは出会いは生じない

↓「人に会う」ということが何なのかが問題

視線や〔ア　　　〕のやりとりによる相互の認知が行われ、その後に会話は始まる

・欧米人…笑顔などで一定の空間を一時的に共有する「〔イ　　　〕」を表すのが上手

・日本の都会…言葉による会話の前提になる身体的なやりとりがうまく成立しない

↓

会話の関係性を始めるのも〔ウ　　　〕のも身ぶりやしぐさによってである

第二段落
（p.150 ℓ.9～終わり）

身体的表現には言語とは違った特別な役割がある

言語

・交互に話し、話し手と聞き手の役割がはっきりしている

＝交互・〔エ　　　〕的

・コミュニケーションしようとする意図と、コミュニケーションする者どうしの明確な〔オ　　　〕の共有が前提

・（複数の人間が一定の空間を共有してもすぐには始まらない）

⇔

身体的表現

・見る者が同時に見られる者である

＝同時・〔カ　　　〕的

・意図はしばしば存在せず、あっても無意識的。しぐさや身ぶりの多くは、各場面での相互的な反応の形式であり、ほとんどは〔キ　　　〕として決まっている

・人が出会う場で常住不断にはたらきかけや〔ク　　　〕が起きる＝「仮の関係づけ」

→ 伝えているつもりのない意味や伝えたくない情報を勝手に読み取られてしまう（身体のコミュニケーションの〔ケ　　　〕の問題）

要旨

1 空欄に本文中の語句を入れて、全体の要旨を整理しなさい。 思考力・判断力・表現力

人は身体的なやりとりによって〔ア　　　〕の認知を行った後、言葉によるやりとりを始める。身体的表現は、言語のコミュニケーションが交互・〔イ　　　〕的であるのに対して同時・〔ウ　　　〕的である。また言語のやりとりでは伝達しようという意図とコードの〔エ　　　〕が前提になるが、身体的表現の多くは無意識的であることが多く、相互的な〔オ　　　〕の形式である。身体的表現には発信者の意図を超えた〔カ　　　〕な伝達が生じる問題がある。

2 右を参考にして、要旨を百字以内にまとめなさい。

内容の理解

思考力・判断力・表現力

第一段落（初め～p.150 ℓ.8）

1 「実はその『人に会う』ということが何なのかが問題である」（一四九・8）とあるが、筆者はここでどのようなことを言おうとしているのか。次から選びなさい。

ア　現実には「人に会う」ことによって「挨拶」が交わされることはなく、その意味で辞書は間違っているということ。

イ　「挨拶」の言葉や動作が交わされるのは、必ずしも「人に会った」ときだけではないということ。

ウ　辞書に書かれている「人に会う」という状況が、「挨拶」が交わされる条件の本質を示しているということ。

エ　「挨拶」は、単に人と人が一定の距離に近づいただけで交わされるわけではないということ。

〔　　〕

2 「相互の認知」（一四九・13）とは具体的にはどのようなことか。具体例をあげながら説明しているひと続きの二文を第一段落（初め～一五〇・8）から抜き出し、初めと終わりの五字を答えなさい。

□□□□□ ～ □□□□□

3 「そんな作法」（一四九・15）とは、どのようなものか。次の空欄にあてはまる語句を本文中から抜き出しなさい。▼脚問1

公共の場で〔　①　〕を一時的に共有したときなどに、瞬間的に笑顔を作ったりして相手との「〔　②　〕」を表すこと。

①

②

4 新傾向 「会話が始まるのだ」（一五〇・8）とあるが、会話の始まり方について四人の生徒が発言している。本文の内容に合致した発言をしている生徒をすべて選びなさい。

生徒A：人と人が一定距離に近づいて、身体的表現によって相互確認がとれてようやく言葉による会話が始まるというんだね。

生徒B：欧米人が日本人より言葉によるコミュニケーションを得意とするのは、身ぶりやしぐさが大きいからなんだね。

生徒C：ただ、身体的表現によって相互認知が行われても、必ずしも会話が始まるとは限らないよね。

生徒D：言葉による会話を始めるにはとても勇気がいるから、会話を始めるのは終えるのよりずっと難しいんだね。

生徒〔　　〕

第一段落（初め～p.150 ℓ.8）

5 「言語のコミュニケーションは『交互・一方向的』」（一五〇・11）とあるが、筆者はなぜ言語のコミュニケーションを「交互・一方向的」だと言うのか。本文中の語句を用いて四十五字以内で答えなさい。

第二段落（p.150 ℓ.9～終わり）

6 新傾向 「場面によって段階が認められる」（一五〇・15）とあるが、次のa・bの場面での身体的コミュニケーションを比較し、その「段階」の違いを「多方向的」「一方向的」という語句を使って三十字以内で説明しなさい。（a・bの記号を使って説明すること）

a　都会の交差点で警察官が身ぶり手ぶりで交通整理をしている。

b　集会の場で出席者が周りの人たちと軽く会釈をし合う。

第二段落（p.150 ℓ.9〜終わり）

7「ボディーランゲージではその両方とも疑わしい」（一五〇・18）とあるが、これはどういうことを意味しているか。適切なものを次から選びなさい。

ア　身体的表現によるコミュニケーションは、誰かの意図さえあればいつでも起こりうるということ。

イ　身体的表現によるコミュニケーションは、意図やコードの共有がなくても起こるということ。

ウ　身体的表現によるコミュニケーションは、意図やコードが存在する場では発生しないということ。

エ　身体的表現によるコミュニケーションは、意図やコードの共有があったとしても成立するかどうか疑わしいということ。〔　　〕

8「そうした意味での表現」（一五一・3）とは、どのような表現か。本文中の語句を用いて三十字以内で書きなさい。 ▼脚問3

9「仮の関係づけ」（一五一・8）とは何か。次の空欄にあてはまる語句を本文中から抜き出しなさい。

〔　①　〕によるコミュニケーションによって明確な関係性ができる前に形成される〔　②　〕的な関係づけ。

①

②

10「自分自身を演じる自己演技が必要になってくる」（一五一・13）とあるが、それはなぜか。適切なものを次から選びなさい。

ア　自分の意図を伝えるために、多少大げさに自己演技をしないと、意図しない意味や情報を読み取られてしまう可能性があるから。

イ　自己演技によって自分の意図とは違うメッセージを伝えるようにしないと、自分の本心を読み取られてしまうから。

第二段落

ウ　自分のしぐさだけで意図する意味や情報を他者に伝えるには、他者に好かれるように自分自身を偽る必要があるから。

エ　相手に自分の意図しない意味や情報を読み取られてしまわないように、さりげなくふるまう必要があるから。〔　　〕

読み比べ

11 新傾向 『対話の意味』と『身体的表現の関係性』を読んだ生徒たちが、「電車の中で高校生が立っているお年寄りに席を譲ろうとして話しかける」という場面を例に、言語コミュニケーションと身体的コミュニケーションについて話し合っている。空欄にあてはまる語句を空欄①は十五字以内、空欄②は六字、空欄③は二十字以内で答えなさい。

生徒A：この場面を言語コミュニケーションの観点から見ると、高校生がお年寄りにかけた言葉は、立っているお年寄りを目にしたときの情緒から発した〔　①　〕ものと捉えることができるね。

生徒B：これに対してお年寄りがお礼の言葉を返すなど、二人に〔　②　〕が起こるときに、言語コミュニケーションが成立したと捉えられるね。

生徒C：では、この場面で身体的コミュニケーションはいつ起きていたと考えられるかな。

生徒D：〔　③　〕に起きていたと思うよ。高校生とお年寄りが視線を合わせたり笑いかけたりという身体的表現で相互認知をして、仮の関係が確認されたから声をかけたと考えられるんじゃないかな。

①

②

③

学習目標　人間以外の生物の命について、人間の視点からどのような価値判断が下されているか捉える。

人間という中心と、それよりも〈軽い命〉（金森修）

教科書 p.164～p.171

検印

漢字　知識・技能

1 太字の仮名を漢字に直しなさい。

(p.164 ℓ.2) ①土を**ふ**〔　　〕みしだく。
(ℓ.8) ②**きどあいらく**〔　　〕。
(p.165 ℓ.4) ③発想が**こんざい**〔　　〕する。
(ℓ.5) ④私のことを**せんでん**〔　　〕する。
(ℓ.9) ⑤**みにく**〔　　〕さを感じる。
(ℓ.10) ⑥**りくつ**〔　　〕にあっている。
(p.166 ℓ.2) ⑦言えない**こんきょ**〔　　〕。
(ℓ.9) ⑧**ふきんしん**〔　　〕な言葉。
(ℓ.16) ⑨**とうてい**〔　　〕わからない。
(p.168 ℓ.1) ⑩論文を**しんさ**〔　　〕する。
(ℓ.2) ⑪**きんちょう**〔　　〕を味わう。
(ℓ.6) ⑫二つを**ないほう**〔　　〕する。
(ℓ.12) ⑬命の**けいちょう**〔　　〕を判断する。
(p.169 ℓ.5) ⑭人間は**べっかく**〔　　〕だ。
(ℓ.12) ⑮他の生物を**きづか**〔　　〕う。
(p.170 ℓ.1) ⑯母を求めて**へんれき**〔　　〕する。
(ℓ.2) ⑰**かこく**〔　　〕な生涯。

2 太字の漢字の読みを記しなさい。

(p.165 ℓ.9) ①**徐々**〔　　〕に気が変わる。
(p.166 ℓ.2) ②安眠を**妨**〔　　〕げる。
(ℓ.2) ③**厄介**〔　　〕な蚊。
(ℓ.2) ④見慣れない**代物**〔　　〕。
(ℓ.3) ⑤私の**好悪**〔　　〕が関係する。
(ℓ.6) ⑥樹の**幹**〔　　〕に戻す。
(ℓ.12) ⑦**性懲**〔　　〕りもなく考えた。
(p.167 ℓ.3) ⑧蚊の行動の**巧**〔　　〕みさ。
(ℓ.10) ⑨**慌**〔　　〕てたように動く。
(ℓ.12) ⑩騒ぐのが**煩**〔　　〕わしい。
(ℓ.14) ⑪干からびた**死骸**〔　　〕。
(p.168 ℓ.11) ⑫行動が**分岐**〔　　〕する。
(ℓ.16) ⑬人生の中の**逸話**〔　　〕。
(p.169 ℓ.1) ⑭クモを三匹**潰**〔　　〕す。
(ℓ.5) ⑮世界を**彩**〔　　〕る生物たち。
(ℓ.16) ⑯**蜜蜂**〔　　〕のハッチ。
(p.170 ℓ.4) ⑰昆虫に**仮託**〔　　〕する。

語句　知識・技能

1 太字の語句の意味を調べなさい。

(p.165 ℓ.2) ①二つの話はテーマのうえでは**収斂**《しゅうれん》すると言える。
〔　　　　〕
(p.166 ℓ.12) ②彼は**性懲りもなく**、同じ自問を繰り返す。
〔　　　　〕

2 次の空欄にあとから適語を選んで入れなさい。

(p.165 ℓ.15) ①ボランティアの方々に敬意を〔　　〕。
(p.167 ℓ.9) ②すれ違いざま、相手に一瞥を〔　　〕。
(p.169 ℓ.12) ③まだ見ぬ外国に思いを〔　　〕。
(p.170 ℓ.2) ④一歩〔　　〕ことで全体が見えてくる。
（　馳せる　与える　払う　引く　）

3 次の語句を使って短文を作りなさい。

(p.165 ℓ.4) ①ことさらに
〔　　　　〕
(p.166 ℓ.12) ②羽目になる
〔　　　　〕
(p.168 ℓ.2) ③たかが
〔　　　　〕

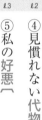

論理の把握

1 空欄に本文中の語句を入れて、内容を整理しなさい。 思考力・判断力・表現力 ▼学習一

第一段落
（初め～ p.167 ℓ.7）

蝉をめぐるエピソード①
◎蝉は〈土の精〉なのでは？
→死んでいる蝉を見ても悲しむ必要はない

蝉をめぐるエピソード②
昆虫は〔ア　　〕のようなもの
◎「蝉が死んだ」＝「蝉が〔イ　　〕」と言ってよいのでは？

蝉の死を〔ウ　　〕点は同じだが、正反対の発想

▼現在の筆者＝①の方向性に近い
命を前にしたとき、命を持つ一個の生物として敬意を払う必要…〔エ　　〕言葉
⇔
蚊…「〔オ　　〕命」と言えない
好悪の感情が関係＝〈人間の〔カ　　〕さ〉から抜けきれない

◎では、「蚊を壊した」と言ってよいか？
▼蚊＝直観的には〔キ　　〕→「蚊を壊した」と言ってはいけない

第二段落
（p.167 ℓ.8～終わり）

◎道にさまよい出ているミミズをどうするか？
急いでいるなら助けないが、急いでいなければ助ける
⇩
〈ミミズの命〉は〔ク　　〕よりは重要でない
〔ケ　　〕よりは貴重

二つの行動が分岐する可能性→一瞬の〔コ　　〕の判断がなされている

▼世界を彩る無数の生物たちの中で、人間は〔サ　　〕だと思いたい
人間のみ　自分の生きざまについて他の可能性と照合、反省して調整
他の生物たちの生きざまを気遣い、思いを馳せる
→〈虫の悲しみ〉は〈人の悲しみ〉の〔シ　　〕曲

人間という中心と、それよりも〈軽い命〉

要旨

1 空欄に本文中の語句を入れて、全体の要旨を整理しなさい。 思考力・判断力・表現力

蝉の死を「〔ア　　〕」とは言えないし、蚊を殺したとき「〔イ　　〕」とも言えない。個人的な〔ウ　　〕から両者の命を同等には扱えないが、どちらも命を持った生物である。また道でミミズを見かけたとき、我々は一瞬のうちに命の〔エ　　〕の価値判断をし、助けるかどうかを決める。このように、人間のみが自分の生きざまについて他の可能性と照合して反省・調整したり、〔オ　　〕の生きざまに思いを馳せたりすることができるのだ。

2 右を参考にして、要旨を百字以内にまとめなさい。

内容の理解

思考力・判断力・表現力

1「少し前、こんなことを考えていた。」（一六四・1）に始まる冒頭の蝉の表現のしかたについて説明したものとして、最も適当なものを次から選びなさい。 ▼脚問1

ア「ではなかろうか」という反語を用いることで、実際のところ、蝉が〈土の精〉であるという空想が事実であるはずはないということを暗に主張している。

イ 水の中で生まれ、水のように透き通ったクラゲをたとえに使うことで、土の中で生まれ、土のような色をしている蝉の特徴から〈土の精〉という発想を得たことを示している。

ウ 土を「踏みしだかれているだけの土」と表現することで、声と羽を得て蝉になり、飛び回れるようになることの幸せと対比し、土に戻らねばならないことの悲劇性を強調している。

エ「土に戻るだけなのだ、と。」と伝聞調の終わり方にすることで、この挿話がある種のおとぎ話、ファンタジーにすぎないのだということを表現している。

〔　　〕

2「ずいぶん違う方向性の話」（一六四・7）とあるが、これはどういうことを意味しているか。次から選びなさい。 ▼脚問1

ア 最初の話は筆者自身の個人的な空想であるのに対し、二番目の話は学生に講義するための客観的事実であるということ。

イ 最初の話は昆虫の死をいたむ話であるのに対し、二番目の話は昆虫の死を無感動にながめる話であるということ。

ウ 最初の話は蝉への共感から生まれた話であるのに対し、二番目の話は蝉への嫌悪感から生まれた話であるということ。

エ 最初の話は蝉に対して感情移入する話であるのに対し、二番目の話は蝉を感情のないものとして捉える話であるということ。

〔　　〕

3「私は別に例外ではなく」（一六五・5）とは、どういうことか。解答欄に合うように本文中から三十字以内で抜き出しなさい。 ▼脚問2

特別に私の中にだけ〔　　　　　　〕わけではないということ。

4「自分が口にした言葉であるにもかかわらず、徐々に醜さを感じるようにな」（一六五・9）ったのはなぜか。その理由を説明した次の文の空欄にあてはまる表現を、本文中の語句を用いて、それぞれ十五字以内で答えなさい。

蝉の死を〔①〕は、かけがえのない命を持つ蝉に対し、〔②〕を欠いたものだと感じるようになったから。

①〔　　　　　　〕

②〔　　　　　　〕

5 新傾向 人間の「好悪」（一六六・3）に基づく判断の例として適当でないものを次から選びなさい。

ア 夕焼けを背景にトンボが飛び回るさまは風流を感じるが、夏の盛りにごみ捨て場をハエが飛び回るさまは不潔さと不快感しかない。

イ スズメバチには毒針があるため不用意に近づかないほうがよいが、キバチには毒針がないので刺されてけがをする危険性はない。

ウ ヒグラシの鳴き声は自然と調和するように聞こえて心地よいが、ミンミンゼミの鳴き声はひたすら自己主張するようでうるさい。

エ 花から花へと蝶《ちょう》が飛び移るさまはかわいらしいが、電灯の周りを蛾《が》が羽音を立てながら飛び交うさまは不気味だ。

〔　　〕

第一段落(初め〜p.167 ℓ.7)

6 ここでの「〈人間の勝手さ〉」(一六六・7)とは、どういうことに対して言っているのか。三十字以内で答えなさい。 ▼脚問3

7 「蚊を殺すとき、私は『蚊を壊した』と言っても構わないのだろうか」(一六六・14)という自問に対する筆者の見解を次から選びなさい。

ア　蚊と人間ではあまりにも体の造りが違っているが、蚊が蚊特有の姿形で生きている生物であることは自明のため、「壊した」とは表現できない。

イ　蚊が人の肌の上に着地し、後ろ足をあげながら素早く針を突き刺すさまは、まるで精巧な機械のようであるため、「壊した」と表現してもよい。

ウ　蚊が人間の生活圏に侵入してくるとき、人は蚊の存在を意識せずとも機械に接するように無感情に排除するため、「壊した」と表現してもよい。

エ　蚊は確かに人間にとって有害な存在であるが、人と接触する機会が多くどちらかといえば身近な生物であるため、「壊した」とは表現できない。

〔　　〕

第二段落(p.167 ℓ.8〜終わり)

8 筆者が「それほど急いでいないとき」(一六七・9)ならばミミズを助けるのはなぜか。本文中から六十字以内で抜き出し、初めと終わりの五字で答えなさい。(記号は字数に含める。)

〜

9 「たかがミミズ」(一六八・2)とあるが、ここで筆者が下したのはどのような判断か。最も適当なものを次から選びなさい。

ア　ミミズの命は、人の目から見て道端の石ころほどの価値もない。

イ　ミミズはみなに嫌われているから、助けるほどの価値はない。

ウ　ミミズを助けることに、自分の時間を割くほどの価値はない。

エ　ミミズの死骸を見なくて済むなら、あえて手をかける価値はない。

〔　　〕

第二段落(p.167 ℓ.8〜終わり)

10 「ある二つの行動が分岐する可能性を持つとき」(一六八・10)について、ここでの「価値判断」とは何と何を比べているのか。本文中の語句を用いて、簡潔に答えなさい。 ▼脚問4

〔　　〕

11 「やはり人間は、その中ではいろいろな意味で別格だと思いたい」(一六九・5)とあるが、その根拠として、人間には他の生物にないどのような特徴が認められるか。解答欄に合うように本文中から二つ抜き出しなさい。

〔　　〕点。

〔　　〕点。

12 「〈虫の悲しみ〉は〈人の悲しみ〉の変奏曲なのである」(一七〇・6)とはどういう意味か。次の文の、空欄に合うように、本文中の語句を用いて、三十字以内で答えなさい。

〈虫の悲しみ〉は、〔　　〕であるということ。

学習目標　何を述べるための具体例かを把握し、言語と認識の関係を読み取る。

言語が見せる世界（野矢茂樹）

教科書p.173～p.183

検印

漢字

1 太字の仮名を漢字に直しなさい。

- p.173 ℓ.2　①**ねんれい**〔　　〕・性別・服装。
- p.173 ℓ.4　②老人、子供等の**そうぼう**〔　　〕。
- p.173 ℓ.10　③とても**しょうさい**〔　　〕な説明。
- p.174 ℓ.8　④鳥の集合を**きてい**〔　　〕する。
- p.175 ℓ.3　⑤例外を**りょうかい**〔　　〕する。
- p.175 ℓ.5　⑥プロトタイプを**はあく**〔　　〕する。
- p.176 ℓ.5　⑦重要な**きけつ**〔　　〕を持つ。
- p.177 ℓ.16　⑧**ちゅうしょう**〔　　〕的な構成。
- p.178 ℓ.2　⑨**ふつう**〔　　〕の鳥の物語。
- p.178 ℓ.4　⑩ペットとして**か**〔　　〕う。
- p.178 ℓ.15　⑪物語が**てんかい**〔　　〕する。
- p.180 ℓ.1　⑫**くや**〔　　〕しい思いをする。
- p.180 ℓ.4　⑬**げきてき**〔　　〕に異なる。
- p.180 ℓ.6　⑭空き**かん**〔　　〕を拾う。
- p.180 ℓ.16　⑮**さいげん**〔　　〕なく豊かだ。
- p.181 ℓ.8　⑯変わった形の**いす**〔　　〕。
- p.181 ℓ.8　⑰**きみょう**〔　　〕な服装。

2 太字の漢字の読みを記しなさい。　知識・技能

- p.173 ℓ.1　①街の**雑踏**〔　　〕を歩く。
- p.173 ℓ.8　②**概念**〔　　〕のレベルで見る。
- p.173 ℓ.10　③**大雑把**〔　　〕な理解。
- p.175 ℓ.2　④鳥を**弁別**〔　　〕する。
- p.176 ℓ.7　⑤論理的に**矛盾**〔　　〕する。
- p.177 ℓ.6　⑥**紫外線**〔　　〕を感じ取る。
- p.178 ℓ.2　⑦我々が持つ**通念**〔　　〕。
- p.178 ℓ.14　⑧**陳腐**〔　　〕な恋愛ドラマ。
- p.179 ℓ.2　⑨個性を**剝**〔　　〕ぎ取られる。
- p.179 ℓ.2　⑩**凡庸**〔　　〕な恋愛。
- p.180 ℓ.6　⑪**道端**〔　　〕のごみ。
- p.180 ℓ.10　⑫**盲導犬**〔　　〕を連れる。
- p.180 ℓ.10　⑬**訓練**〔　　〕を受ける。
- p.180 ℓ.11　⑭**介助**〔　　〕を行う。
- p.181 ℓ.7　⑮**相応**〔　　〕の関心を持つ。
- p.181 ℓ.14　⑯**逸脱**〔　　〕する行為。
- p.181 ℓ.15　⑰**意表**〔　　〕を突く驚き。

語句

1 次の太字の語句の意味を調べなさい。　知識・技能

- p.173 ℓ.2　①**子細**に観察する。〔　　〕
- p.175 ℓ.2　②**典型的**な鳥についての事実。〔　　〕
- p.178 ℓ.14　③**陳腐**な恋愛ドラマ。〔　　〕
- p.180 ℓ.6　④誰でもその人なりの**来し方行く末**を持っている。〔　　〕

2 次の空欄にあとから適語を選んで入れなさい。

- p.173 ℓ.6　①一人一人の個性に関心が〔　　〕。
- p.173 ℓ.9　②知覚主体の関心に〔　　〕。
- p.180 ℓ.8　③犬に関心を〔　　〕。

（応じる　見える　大きい　なる　示す　向く）

3 次の語句を使って短文を作りなさい。

- p.179 ℓ.2　①徹頭徹尾〔　　〕
- p.181 ℓ.15　②意表を突く〔　　〕

論理の把握　思考力・判断力・表現力　▼学習一

1 空欄に本文中の語句を入れて、内容を整理しなさい。

第一段落（初め～ p.174 ℓ.3）	第二段落（p.174 ℓ.4～p.176 ℓ.4）	第三段落（p.176 ℓ.5～p.177 ℓ.10）	第四段落（p.177 ℓ.11～p.179 ℓ.3）	第五段落（p.179 ℓ.4～p.180 ℓ.14）	第六段落（p.180 ℓ.15～終わり）
序論	本論			結論	
（例）雑踏を行き交う人々を見るとき＝〔ア　〕な相貌のもとに見ている どの概念のもとに〔イ　〕を知覚するか →対象への〔ウ　〕や手持ちの概念に応じて異なり得る	概念に関する二つの考え方 ・外延と内包によって概念の内実を捉えようとする考え方＝〔エ　〕 ・〔オ　〕を重視する考え方　→　人や時代によって概念も〔カ　〕	概念と属性の関係　（例）「鳥」という概念と「空を飛ぶ」という属性 ・古典的概念観…「空を飛ぶ」という〔キ　〕が「鳥」の意味に関わらない ・プロトタイプの考え方…「鳥」の概念のうちにさまざまな〔ク　〕が入り込む	プロトタイプとは何か　（例）梢でカーと鳴いているカラス 鳥のプロトタイプ　×現実に存在する鳥　○〔ケ　〕上の鳥＝典型的な物語 ある概念を理解する＝その概念のもとに開ける典型的な物語を理解すること	「相貌を見る」とは何か 相貌を知覚する＝概念のもとに開ける〔コ　〕な物語を知覚すること →　相貌とは、〔サ　〕が見せる世界	現実の「実在性」と典型的な物語との関係 現実…際限なく〔シ　〕ディテールを持ち、典型から逸脱する性質や振る舞い ＝常に典型的な物語をはみ出す　→　はみ出す実在性を我々は受け止める 言語が見せる相貌の世界に立ち、〔ス　〕に突き動かされて新たな物語へ進む

要旨　思考力・判断力・表現力

1 空欄に本文中の語句を入れて、全体の要旨を整理しなさい。

対象の相貌をどんな概念のもとに〔ア　〕するかは知覚主体の〔イ　〕などで異なる。古典的概念観に反して、〔ウ　〕という典型例を重視する考え方では事物の意味や概念の内に典型的な事実が入り込む。プロトタイプに関わる通念を〔エ　〕と呼ぶと、ある〔オ　〕を知覚するとは概念のもとにある典型的物語を理解し知覚することだ。私は相貌という言語が見せる世界に立ち、現実の〔カ　〕に突き動かされ、新たな物語へと歩を進める。

2 右を参考にして、要旨を百字以内にまとめなさい。

内容の理解

思考力・判断力・表現力

第一段落（初め〜p.174 ℓ.3）

1「私は彼らを単に『人として』しか見ていない。」（一七三・1）とあるが、どうしてこのようにしか見ないのか。次から選びなさい。

ア　一人一人のディテールを観察することは不可能であるから。
イ　彼らを個別にではなく一般的な相貌のもとに捉えているから。
ウ　街の雑踏においては個人を特定して識別するのは困難だから。
エ　街を歩く他人には、無関係を装わなければならないから。〔　　〕

2「相貌は、……異なり得る」（一七四・2〜3）とあるが、「相貌」とはどういうことをさすか。第一段落（一七三・1〜一七四・3）の語句を用いて三十字以内で答えなさい。

第二段落（p.174 ℓ.4〜p.176 ℓ.4）

3「その中には、ダチョウやペンギンのような、いささか鳥らしからぬ鳥も含まれる」（一七四・13）とあるが、我々がダチョウやペンギンを「鳥らしからぬ鳥」と認識するのはなぜか。次から選びなさい。

ア　中島みゆきの歌のように誰もがダチョウたちのことを考えに入れていないから。
イ　鳥という概念を満たすものの集合にダチョウたちを外す規定が盛り込まれているから。
ウ　どの概念のもとで鳥を知覚するかは知覚主体の関心の程度により異なるものだから。
エ　人は典型的な鳥と例外的な鳥という弁別を概念理解として持っているから。〔　　〕

4「我々の概念理解には、……含まれている」（一七五・1〜3）ことからどのような帰結が導かれるか。一七五ページまでの本文中から四十五字以内で抜き出し、初めと終わりの五字で答えなさい。

〜

第三段落（p.176 ℓ.5〜p.177 ℓ.10）

5「こうした考え方は、もう一つの非常に重要な帰結を持っている」（一七六・5）について、次の問いに答えなさい。

(1)「こうした考え方」とはどのようなものか。次から選べ。 ▼脚問2

ア　同じ外延規定であっても概念内容が異なったり変化したりするという考え方。
イ　同じ言葉を用いて典型的なものを表しても関心の程度により変化するという考え方。
ウ　プロトタイプは時代によって必ず変化するので同じ概念を抱き続けるのは困難だという考え方。
エ　外延や内包によって概念の内実を捉え、集合の実態を明らかにするという考え方。〔　　〕

(2)「一つの非常に重要な帰結」とは何か。本文中の語句を用いて四十五字以内で説明しなさい。 ▼学習三

6「先に引用した歌詞などは、……鳥のプロトタイプ理解を利用したものにほかならない。」（一七六・15〜16）の説明として、適当なものを次から選びなさい。

ア　「人は空を飛べない」という事実を、「普通の鳥は空を飛ぶ」というプロトタイプと対比することで強調している。
イ　「昔々」という私たちから離れた時代に言及することで、「普通の鳥は空を飛ぶ」というプロトタイプを無効化している。

ウ　「空が恋しい」という感情の由来を、「普通の鳥は空を飛ぶ」というプロトタイプと関連づけ、詩的な想像につなげている。

エ　「普通の鳥は空を飛ぶ」というプロトタイプによって、「人は鳥だったのかもしれない」という空想を暗に否定している。

〔　　〕

第四段落（p.177 ℓ.11〜p.179 ℓ.3）

7　**「プロトタイプはいっさいの個性を持たない。」（一七七・15）と言えるのはなぜか。次から選びなさい。**

ア　私たちが通念として持つ、普通の事物の典型的な集合だから。

イ　私たちの頭の中の事物は概念により整理され個性を認めないから。

ウ　さまざまな存在を関心も持たずに見れば個性は感じられないから。

エ　一つの事物を集合として全体的に感覚的に捉えたものだから。

〔　　〕

8　**子供に「恋愛」という概念を教えるとき、「大人にはおもしろくもない陳腐な恋愛ドラマを見せたり読ませたりする」（一七八・14）ようなことが必要なのはなぜか。本文中の語句を用いて四十五字以内で説明しなさい。**

第五段落（p.179 ℓ.4〜p.180 ℓ.14）

9　**「そこに私は、……普通の物語を見る。」（一七九・13〜14）の説明として、適当なものを次から選びなさい。**

ア　いっさいの個性が剝ぎ取られた徹頭徹尾凡庸な光景の描写である。

イ　普通という個性をもつ典型的な物語を知覚した事例である。

ウ　関心が乏しい知覚主体を刺激する物語の有様を提供したものである。

エ　プロトタイプの概念理解に必要な典型的な物語を示している。

〔　　〕

10　**「我々が現実に出会う……物語の一場面にほかならない。」（一八〇・5）と言える理由を、三十字以内で答えなさい。**

第五段落（p.179 ℓ.4〜p.180 ℓ.14）

11　**「相貌とは、言語が我々に見せる世界なのである。」（一八〇・13）とはどういうことか。次から選びなさい。**　▼学習四

ア　日常の言語を用いて語ることにより相貌に普遍性を与えること。

イ　知覚する相貌の概念に伴う言語によって物語が構成されること。

ウ　典型的な物語の中の事物には必ず固有名詞が付いていること。

エ　物語を通じて概念の世界を表現する手段は言語以外にないこと。

〔　　〕

第六段落（p.180 ℓ.15〜終わり）

12　**「現実は常に、典型的な物語をはみ出している。」（一八〇・15）とあるが、これと対照的な内容を述べた一文を本文中から抜き出し、初めと終わりの五字で答えなさい。**

〔　　　　　〕〜〔　　　　　〕

13　**「世界の実在性に突き動かされ、新たな物語へと歩を進めるのである。」（一八一・6〜7）とはどういうことか。次から選びなさい。**　▼学習五

ア　抽象的概念のもとに開かれる物語ではなく現実性のある物語へ歩み寄ることで、自分を取り巻く世界を広げるということ。

イ　新たな関心を次々に呼び起こす実在性に満ちた典型的な物語の影響を受けて、新しい世界の相貌を知覚するということ。

ウ　典型的な物語では知り得ない細部に満ちた現実に出会うことで、新たな概念枠を作り出すということ。

エ　典型的な物語では知り得ない相手の現実の姿をコミュニケーションを通じて知り、新たな人間関係が展開されるということ。

〔　　〕

学習目標　「自己中心性」や「利他性」と比較して、筆者の言う「本源的自己中心性」について捉える。

身体の個別性（浜田寿美男）

教科書 p.186〜p.195

検印

漢字　知識・技能

1 太字の仮名を漢字に直しなさい。

- p.186 ℓ.7　①先例にいきょ〔　　〕する。
- p.187 ℓ.1　②幼児心性のとくちょう〔　　〕。
- ℓ.2　③自分のしてん〔　　〕で見る。
- ℓ.3　④思考やがいねん〔　　〕。
- ℓ.17　⑤課題をこくふく〔　　〕する。
- p.188 ℓ.17　⑥確認をてってい〔　　〕する。
- p.190 ℓ.3　⑦最大のきょうくん〔　　〕。
- ℓ.5　⑧社会性をかくとく〔　　〕する。
- p.191 ℓ.8　⑨集団へのきぞく〔　　〕感。
- ℓ.12　⑩利己主義とどうぎ〔　　〕。
- ℓ.16　⑪利益をゆうせん〔　　〕する。
- p.192 ℓ.10　⑫とくしゅ〔　　〕なもの。
- p.193 ℓ.15　⑬日本がていしょう〔　　〕した発想。
- p.194 ℓ.1　⑭おうぼう〔　　〕な侵略。
- ℓ.2　⑮あんい〔　　〕に容認できない。
- ℓ.2　⑯美名にひそ〔　　〕む。
- ℓ.3　⑰そぼく〔　　〕な人柄。

2 太字の漢字の読みを記しなさい。

- p.186 ℓ.7　①一線を画〔　　〕する。
- p.187 ℓ.1　②端的〔　　〕に言う。
- p.188 ℓ.14　③過程を経〔　　〕る。
- ℓ.17　④身体を抱〔　　〕える。
- p.189 ℓ.12　⑤如実〔　　〕に感じられる。
- p.190 ℓ.6　⑥現実に即〔　　〕する。
- ℓ.16　⑦波紋〔　　〕をひき起こす。
- p.191 ℓ.4　⑧自己に魅〔　　〕せられる。
- ℓ.13　⑨説明に矛盾〔　　〕がある。
- ℓ.15　⑩利益〔　　〕を追求する。
- ℓ.16　⑪話の土俵〔　　〕が異なる。
- p.192 ℓ.8　⑫倫理〔　　〕的な力。
- ℓ.15　⑬無縁〔　　〕のもの。
- p.193 ℓ.6　⑭互いが了解〔　　〕し合う。
- ℓ.11　⑮自己中心性の弊〔　　〕。
- ℓ.13　⑯悪の温床〔　　〕となる。
- p.194 ℓ.4　⑰迷惑至極〔　　〕なことだ。

語句　知識・技能

1 次の太字の語句の意味を調べなさい。

- p.186 ℓ.7　①従来の考え方とは一線を画す。〔　　〕
- ℓ.9　②ご大層な名前。〔　　〕
- ℓ.9　③平たく言えば「もともと」ということ。〔　　〕
- p.187 ℓ.1　④端的に言えば、こういうことだ。〔　　〕
- p.190 ℓ.10　⑤例はごまんとある。〔　　〕
- ℓ.12　⑥一見相いれないように見える。〔　　〕
- p.192 ℓ.2　⑦利他の思想に邁進《まいしん》する。〔　　〕

論理の把握

思考力・判断力・表現力 ▼学習一

1 空欄に本文中の語句を入れて、内容を整理しなさい。

第一段落（初め～ p.186 ℓ.11）

【序論】人はそれぞれの身体を持って〔ア　　　〕の人生を歩むもの
…宿命的な個別性
← 人はもともと自己〔イ　　　〕にできている

⇔

第四段落（p.188 ℓ.17～p.190 ℓ.10）

生身の身体を抱えた人間の現実
← 脱中心化を徹底しても限界がある
自分の〔ウ　　　〕の位置から世の中を見る以外にない
＝〔エ　　　〕

＝

第二段落（p.186 ℓ.12～p.187 ℓ.15）

〔オ　　　〕の言う自己中心性
…幼児は他者の視点を理解できない

⇔

第三段落（p.187 ℓ.16～p.188 ℓ.16）

ピアジェの脱中心化…発達のメカニズム
自分の視点を離れて他者の〔カ　　　〕に立ち、科学的な客観性に到達できる

←

第五段落（p.190 ℓ.11～p.192 ℓ.13）

河上肇に対する批判…自己中心的〔キ　　　〕
↑私たちの日常にいくらでもある

←

第六段落（p.192 ℓ.14～p.194 ℓ.5）

思いやり…自己中心的な利他性がつきまとう
上位から〔ク　　　〕へのおせっかい、美名に潜む自己中心性は怖い（大東亜共栄圏の思想）

←

第七段落（p.194 ℓ.6～終わり）

【結論】人間にとって完全な脱中心化は不可能
〔ケ　　　〕な自己中心性にとらわれていることを確認すべき

要旨

思考力・判断力・表現力

1 空欄に本文中の語句を入れて、全体の要旨を整理しなさい。

それぞれ自分の〔ア　　　〕を持って生まれた人間は、もともと自己中心的にできている。ピアジェは〔イ　　　〕を持つ人間が、成長の過程で〔ウ　　　〕をはかれると考えた。しかし、相手に対する思いやりも〔エ　　　〕利他性にすぎないように、人間はいくら脱中心化しても自分の身体の位置から世の中を生きる以外にない。つまり人間にとって〔オ　　　〕な脱中心化はあり得ず、本源的な自己中心性にとらわれているのである。

2 右を参考にして、要旨を百字以内にまとめなさい。

内容の理解

思考力・判断力・表現力

第一段落

1 **筆者は「本源的自己中心性」**(一八六・8)**をどういう意味で用いているか。本文中から二十五字以内で抜き出し、初めと終わりの五字で答えなさい。** ▼学習四

〔　　　　　〕〜〔　　　　　〕

第二段落 (p.186 ℓ.12〜p.187 ℓ.15)

2 新傾向 **ある生徒が「ピアジェの言う自己中心性」**(一八七・15)**について、以下のように整理した。空欄にあてはまる語句を、本文中から抜き出して答えなさい。** ▼学習三

・〔 ① 〕くらいまでの幼児に見られる心性の特徴
・物事を〔 ② 〕の視点からしか見ることができず、〔 ③ 〕の視点を理解できない
(例)「(太郎くんに兄弟は)いない。」と回答してしまう
・発達の段階でいずれ克服される

① 〔　　　　〕
② 〔　　〕
③ 〔　　〕

第三段落 (p.187 ℓ.16〜p.188 ℓ.16)

3 **「脱中心化」**(一八八・5)**とはどういうことか。本文中の語句を用いて説明しなさい。** ▼学習三

〔　　　　　　　　　　〕

4 **「ピアジェはこの脱中心化を、発達のメカニズムの重要な一つとして重視した」**(一八八・10)**とあるが、それはなぜか。次から選びなさい。**

ア 相手の立場に立つことで、してはいけないことをすることのないようにしつけを受けることになるから。

イ 第三者の視点で物事を見ることで、客観的に考えたり社会的な関係を持ったりすることができるようになるから。

ウ 自分の偏った見方を捨てることで、ひとりよがりな行動をして失敗することが少なくなるから。

エ 他人の行動を参考にすることで、わがままを言ったり子供じみた行動をしたりしないようになるから。 〔　　〕

第三段落 (p.187 ℓ.16〜p.188 ℓ.16)

5 **「現実は決してそう単純ではない。」**(一八八・16)**と筆者が考えるのはなぜか。次から選びなさい。**

ア 脱中心化といっても、我々は自分の身体を無視して生きることができないから。

イ 発達のメカニズムとしては正しいものの、人の発達段階には個人差があるものだから。

ウ 身体的に大人の段階に到達したとしても、人の感情の起伏はなくならないものだから。

エ 物事を客観的に眺めることができたとしても、人間の判断力には限界があるから。 〔　　〕

第四段落 (p.188 ℓ.17〜p.190 ℓ.10)

6 **「この私の目の位置から見る以外にはない。」**(一八九・4)**とはどういうことか。次から選びなさい。**

ア 社会的な動物として集団行動をとることは大切であるとわかっていても、人は自分の都合を優先せざるを得ないということ。

イ 相手の立場に立とうと努力することは大切なことであるが、自分の価値観と人の価値観は根本では異なるものであるということ。

ウ 人が心に負った痛みを想像してその人を慰めることもできるが、身体に負った痛みは想像の範囲を超えているということ。

エ 相手の視点に立ったとしても、それは相手の視点そのものではなく、自分の想像力の及ぶ範囲しか見ることができないということ。 〔　　〕

第四段落（p.188 ℓ.17〜p.190 ℓ.10）

7 「これ」（一八九・17）とは何をさしているか。本文中の語句を用いて二十字程度で答えなさい。

8 「身体は個々それぞれ、それゆえ個々人はそれぞれその身体の位置からこの世の中を生きる以外にはない。」（一八九・17）とあるが、筆者はどういうことを言おうとしているのか。本文中から二十字以内で抜き出しなさい。

第五段落（p.190 ℓ.11〜p.192 ℓ.13）

9 「自己中心性という言葉はしばしば利己主義と間違われる。」（一九一・11）とあるが、「自己中心性」と「利己主義」それぞれの意味を本文中から抜き出しなさい。

自己中心性

利己主義

10 「河上の自己中心性」（一九二・5）とはどういうことをさしているのか。本文中の語句を用いて答えなさい。

11 「自己中心的利他性というのは、……私たちの周りにもあふれている。」（一九二・10〜11）とあるが、その例を本文中から一語で抜き出しなさい。

第六段落（p.192 ℓ.14〜p.194 ℓ.5）

12 「自己中心的利他性の弊」（一九三・11）とはどういうことか。次から選びなさい。▼学習三

ア　自分の思いやりが正当に扱われないことに不満を覚えること。
イ　相手を思いやることが自分の生き方の負担になること。
ウ　思いやりが相手にとって余計なお世話となってしまうこと。
エ　思いやりだけでは人間関係は改善できないこと。

13 「その美名に安易に乗るわけにはいかない。」（一九四・1）と筆者が考えるのはなぜか。次から選びなさい。

ア　人を思いやるという行為は、対等の人間関係では成り立たないものだから。
イ　相手に対する思いやりの裏側には、自己中心の視点が隠されているから。
ウ　最初は正しい目的であっても、人間の行動には間違いが生じるものだから。
エ　人間が社会全体のために尽力する行為には、横暴な面がついて回るものだから。

全体

14 新傾向 筆者の考えに合致した発言をしている生徒を選びなさい。

生徒A：精神的に成長すれば人は他者の立場に立てるようになるよ。
生徒B：思いやりと自己中心性には全く関連がないよ。
生徒C：善意の利他主義は必ず相手に喜ばれるよ。
生徒D：身体を切り離せない人間は完全な脱中心化はできないよ。

生徒〔　〕

学習目標　「生命」と「いのち」の違いを理解し、筆者の考える「いのち」の概念と筆者の主張を読み取る。

いのちのかたち（西谷修）

教科書p.197～p.205

検印

漢字

1 太字の仮名を漢字に直しなさい。

① **しょうがい**〔　　〕をかける。（p.197 ℓ.2）
② 人間の**じゅみょう**〔　　〕。（p.197 ℓ.3）
③ **いちりつ**〔　　〕に生命と訳す。（p.198 ℓ.1）
④ **ざった**〔　　〕な表現。（p.198 ℓ.4）
⑤ 生活に**こんきゅう**〔　　〕する。（p.198 ℓ.6）
⑥ **まぎ**〔　　〕らわしい表現。（p.198 ℓ.11）
⑦ **どんじゅう**〔　　〕な動作。（p.199 ℓ.9）
⑧ **がんじょう**〔　　〕な身体。（p.199 ℓ.10）
⑨ 越えがたい**みぞ**〔　　〕。（p.200 ℓ.4）
⑩ **さいぼう**〔　　〕や器官の図。（p.200 ℓ.8）
⑪ **めんえき**〔　　〕のメカニズム。（p.200 ℓ.17）
⑫ **ししょう**〔　　〕が生じる。（p.201 ℓ.5）
⑬ 個別化の**けいき**〔　　〕はない。（p.201 ℓ.9）
⑭ 生理学的**しひょう**〔　　〕。（p.202 ℓ.13）
⑮ 近代人の**さっかく**〔　　〕。（p.203 ℓ.1）
⑯ 医療の**ほうかい**〔　　〕という問題。（p.203 ℓ.9）
⑰ 違う**かんしょく**〔　　〕を得る。（p.203 ℓ.17）

2 太字の漢字の読みを記しなさい。　知識・技能

① その**都度**〔　　〕実行する。（p.197 ℓ.2）
② 適切な言葉を**充**〔　　〕てる。（p.197 ℓ.2）
③ **波瀾万丈**〔　　〕の日々。（p.197 ℓ.9）
④ **生硬**〔　　〕に響きがちだ。（p.198 ℓ.2）
⑤ **肝心**〔　　〕な言葉。（p.198 ℓ.9）
⑥ 西洋語を**翻訳**〔　　〕する。（p.198 ℓ.10）
⑦ **身丈**〔　　〕を合わせる。（p.198 ℓ.15）
⑧ **舶来**〔　　〕ものを使う。（p.198 ℓ.17）
⑨ ミスマッチの興を**狙**〔　　〕う。（p.200 ℓ.1）
⑩ 身も**蓋**〔　　〕もない。（p.200 ℓ.3）
⑪ **亀甲**〔　　〕型の化学式。（p.200 ℓ.12）
⑫ **端的**〔　　〕に言う。（p.201 ℓ.9）
⑬ 虫にも**五分**〔　　〕の魂。（p.201 ℓ.12）
⑭ **不可知**〔　　〕な神秘。（p.201 ℓ.15）
⑮ **奇異**〔　　〕に響く。（p.201 ℓ.17）
⑯ **訴訟**〔　　〕問題。（p.203 ℓ.9）
⑰ 問うに**値**〔　　〕する問い。（p.204 ℓ.3）

語句　知識・技能

1 次の太字の語句の意味を調べなさい。

① 抽象的な概念を表すのに**なじまない**。（p.197 ℓ.5）
〔　　　　〕
② 身体を作り物に**なぞらえる**。（p.199 ℓ.8）
〔　　　　〕
③ 生命といのちのギャップが**せめぎ合う**。（p.203 ℓ.12）
〔　　　　〕
④ 不都合というよりはむしろ**僥倖**《ぎょうこう》である。（p.204 ℓ.10）
〔　　　　〕

2 次の空欄にあとから適語を選んで入れなさい。

① 採用条件に〔　　〕。（p.198 ℓ.13）
② 無事登頂できるか、不安は〔　　〕。（p.201 ℓ.4）
③ 彼の秘密が〔　　〕。（p.203 ℓ.15）

（拭えない　見限る　あらわになる　適う　不透明だ　輝く）

3 次の語句を使って短文を作りなさい。

① 不都合はない（p.198 ℓ.2）
〔　　　　〕
② 身も蓋もない（p.200 ℓ.3）
〔　　　　〕

論理の把握

思考力・判断力・表現力　▼学習一・二

1 空欄に本文中の語句を入れて、内容を整理しなさい。

第一段落 （初め～p.198 ℓ.17）	第二段落 （p.199 ℓ.1～p.201 ℓ.8）	第三段落 （p.201 ℓ.9～p.203 ℓ.7）	第四段落 （p.203 ℓ.8～終わり）
提　案	提案に対する反論	反論についての考察	主張の提示
【事実】英語の「ライフ」に日本語ではさまざまな言葉を充てている 【提案】いっそのこと「ライフ＝（ア　　）」の一語で済ませてみたらどうか →すでに「生命科学」「生命倫理」といった（イ　　）は初めから「生命」の語を使って不自由はない	【反論】「生命」の語と「いのち」で言い表されるものとは微妙に違う 生命…（ウ　　）や研究の対象になる ↕ いのち…研究の対象になりにくい ↓ 科学で研究される「生命」と、人が（エ　　）「いのち」は違うという印象は拭えない 人は（オ　　）レベルの「生命」ではなく、「一つのいのち」を生きている	【考察】「いのち」は人の（カ　　）と切り離せない ←「死」…人々に分かち合われることで起こる。ゆえに単なる生理学的指標に還元できる現象にとどまらず、（キ　　）な意味を持つ出来事になる　誕生も同様 ●人間は一人では（ク　　）せず、誕生と死において（ケ　　）との関係に象られ、その関係の一つが「生」を成立させている	医療関係者は本質的な問題に直面 ＝医療現場で「生命」と「いのち」の（コ　　）がせめぎ合う 医学・医療科学…「生命科学」がベース ↔ 現場…一人一人の「（サ　　）」 【主張】「生命科学」の進展の背後にある思い込みに対して、「いのち」という言葉を持ったのは（シ　　）というより僥倖であるかもしれない

要旨

思考力・判断力・表現力

1 空欄に本文中の語句を入れて、全体の要旨を整理しなさい。

「生命」は科学研究の対象になるが、「いのち」はなりにくい。人は細胞レベルの「生命」ではなく、「一つのいのち」を（ア　　）いる。「いのち」は人の生き死にと切り離せず、（イ　　）と死を象る他者との関係が、人の「（ウ　　）」を成り立たせている。「生命」と「いのち」のギャップがせめぎ合う（エ　　）が相手にするのは、人の「いのち」である。「生命科学」の（オ　　）の背後にある思い込みに対し、「いのち」という言葉を持てるのは僥倖だ。

2 右を参考にして、要旨を百字以内にまとめなさい。

内容の理解

思考力・判断力・表現力

第一段落（初め〜p.198 ℓ.17）

1 **「日本語の中で暮らしていると、具体相に見合った表現のほうがなじんでいるから不自由はない」**（一九七・7）**について、次の問いに答えなさい。**

(1) **「具体相に見合った表現」とはどういう意味か。次から選びなさい。**

ア　その場その場の事情に合わせて発言すること。
イ　事物の色や形、用途などの明確さを確認する言葉。
ウ　事物、事象、状況、条件などに対応した言い方。
エ　一つのものの変容に従った、それぞれへの規定。　〔　　〕

(2) **右の箇所について「日本語とはなんとも面倒な言語」**（一九七・8）**と述べているが、そう言える理由を三十字以内で答えなさい。**

2 **「とかく生硬に響きがちな『生命』という語も、……踊り出す」**（一九八・2〜4）**とあるが、「生命」という語がどうなるというのか。次から選びなさい。**

ア　いろいろな文脈の中でそれに応じた意味内容を持ち、適切に読み取られるようになるということ。
イ　堅苦しい感じが消えていき、意味に多様性を含んで生き生きとした印象を読み手に与えるようになるということ。
ウ　時折意味がずれていくことがあっても、さまざまな文章に溶け込んでいく可能性があるということ。
エ　あらゆる場面をまかなわざるを得なくなり、生命感あふれる印象にいとおしさすら感じるようになるということ。　〔　　〕

3 **「肝心な言葉について、……除外する。」**（一九八・9〜12）**とあるが、どのようなことを言うための文章だと考えられるか。次から選びなさい。**

ア　「国際標準」に適うことを日本人がありがたがること。
イ　「ライフ」を一律に「生命」という訳語に統一すること。
ウ　コンテクストに従って訳語を充てることが妥当であること。
エ　「ライフ＝生命」という扱いが西洋語を排除すること。　〔　　〕

第一段落（初め〜p.198 ℓ.17）

4 **「『国際標準』に身丈を合わせる」**（一九八・15）**とはどういうことか。三十字以内で説明しなさい。**

5 **「『生命』の語で示されるものと……感じてしまう」**（一九九・1〜3）**とあるが、なぜ日本語の話者は違いを感じてしまうのか。本文中の語句を用いて四十五字以内で説明しなさい。**

第二段落（p.199 ℓ.1〜p.201 ℓ.8）

6 **「科学で言うところの『生命』と、日常的に言う『いのち』とは同じなのだろうか、違うのだろうか。」**（二〇〇・6）**という問いかけへの答えとして、適当なものを次から選びなさい。**

ア　「生命」は観察や研究の対象となっているが、「いのち」は全くなることはない。
イ　「生命」には個別化の契機はないのに対し、「いのち」は常に個別化されている。
ウ　「生命科学」の進展の成果によって「いのち」が保たれるという違いがある。
エ　人は「一つのいのち」を生きているのであり、「生命」はその補助的役割を果たしている。　〔　　〕

第二段落（p.199 ℓ.1〜p.201 ℓ.8）

7 「ある種の感慨」（二〇〇・16）とはどのようなものか。次から選びなさい。▼脚問2

ア　生命科学の世界はあまりに複雑で理解しがたいという戸惑い。

イ　生命科学の教科書が手際よく記述されていることへの驚き。

ウ　生命科学の教科書を通じて生命の仕組みを深く知り得た感動。

エ　生命科学の急速な進展が医療に貢献していることへの喜び。〔　　〕

8 「そのように研究される『生命』とは、人が生きる『いのち』とはやはり違うのだろうという印象は拭えない。」（二〇一・3）とあるが、どのような違いがあるのか。本文中の語句を用いて四十五字以内で答えなさい。

第三段落（p.201 ℓ.9〜p.203 ℓ.7）

9 「『いのち』のあり方は、とりわけ人の生き死にと切り離せない」（二〇一・12）と述べるのはなぜか。次から選びなさい。

ア　人間は必ず死ぬものであり、死の本質は知り得ない神秘なものであるから。

イ　人の誕生と死は、それを確認する人が傍らにいることで成り立つものだから。

ウ　生命科学の進展が、自分の生死を自らの行為として認識できるようにしたから。

エ　誕生と死が他者との関係によって象られるように、人は一人では完結しないから。〔　　〕

10 「『死』は、……人間的な意味を持つ出来事になる」（二〇二・13〜14）とあるが、どのような点が人間的な意味を持つと言えるのか。本文中の語句を用いて四十五字以内で説明しなさい。

第三段落

11 「本質的な問題」（二〇三・11）とは何か。本文中の語句を用いて四十五字以内で答えなさい。▼脚問4

第四段落（p.203 ℓ.8〜終わり）

12 「それは人間にとって真に問うに値する問い」（二〇四・3）とあるが、この「問い」は「人間」が置かれたどのような状況から生じたものか。次から選びなさい。

ア　西洋語の世界においては「いのち」に地続きの言葉がないこと。

イ　医療関係者が抱える問題は「生命科学」であれば解決できること。

ウ　「いのち」が科学研究の対象である「生命」と地続きであること。

エ　日本人は「生命」とは違う感触の「いのち」を感じていること。〔　　〕

13 「そんな疑念に……僥倖であるかもしれない」（二〇四・9〜10）とあるが、どのようなことが僥倖なのか。次から選びなさい。▼学習三

ア　経済的・技術的優位を確保するヘゲモニー追求が可能になること。

イ　「いのち」という語の使用が、人間の心のバランスを蘇らせること。

ウ　「いのち」という語が「生命科学」の進展への疑念を抱かせること。

エ　科学の「全能性」が人間の進化の帰結として位置づけられること。〔　　〕

学習目標　リスクとは何か、近代の特徴とは何かを把握し、社会と人間の関係を捉える。

リスク社会とは何か（大澤真幸）

教科書 p.208～p.220

検印

漢字　知識・技能

1 太字の仮名を漢字に直しなさい。

① 建物が**ほうかい**〔　　〕する。（p.208 ℓ.5）
② 二者の**そうかん**〔　　〕関係。（p.209 ℓ.2）
③ 国王の**ぼうせい**〔　　〕に苦しむ。（p.209 ℓ.5）
④ 条約改正の**しゅしょう**〔　　〕者。（p.210 ℓ.5）
⑤ **けんちょ**〔　　〕な特徴。（p.210 ℓ.10）
⑥ リスクの**てんけい**〔　　〕。（p.210 ℓ.13）
⑦ **むさべつ**〔　　〕に攻撃する。（p.211 ℓ.4）
⑧ 使用を**よくせい**〔　　〕する。（p.212 ℓ.7）
⑨ 民主主義の**きばん**〔　　〕。（p.213 ℓ.3）
⑩ 矛盾が**ろてい**〔　　〕する。（p.214 ℓ.4）
⑪ 知見の**ちくせき**〔　　〕。（p.214 ℓ.8）
⑫ 人間の**せいしょく**〔　　〕細胞。（p.215 ℓ.2）
⑬ **はきょく**〔　　〕を迎える。（p.215 ℓ.3）
⑭ **けんかく**〔　　〕を拡張する。（p.215 ℓ.7）
⑮ **てんばつ**〔　　〕を受ける。（p.216 ℓ.4）
⑯ **りじゅん**〔　　〕を追求する。（p.217 ℓ.1）
⑰ 記憶を**そうしつ**〔　　〕する。（p.218 ℓ.16）

2 太字の漢字の読みを記しなさい。

① 自然災害の**脅威**〔　　〕。（p.208 ℓ.9）
② 水分が**浸透**〔　　〕する。（p.209 ℓ.12）
③ 調整を**施**〔　　〕す。（p.209 ℓ.14）
④ **危惧**〔　　〕されるリスク。（p.210 ℓ.11）
⑤ 互いに**相殺**〔　　〕し合う。（p.211 ℓ.8）
⑥ 化石燃料の**枯渇**〔　　〕。（p.211 ℓ.15）
⑦ 活力の**源泉**〔　　〕。（p.211 ℓ.16）
⑧ **中庸**〔　　〕の選択。（p.212 ℓ.4）
⑨ **次善**〔　　〕の策。（p.213 ℓ.5）
⑩ 二人の間の**溝**〔　　〕が深まる。（p.214 ℓ.3）
⑪ 事実を**隠蔽**〔　　〕する。（p.214 ℓ.3）
⑫ **含意**〔　　〕を読み取る。（p.214 ℓ.14）
⑬ 収束の**兆**〔　　〕しを見せる。（p.215 ℓ.5）
⑭ 互いに**葛藤**〔　　〕する。（p.217 ℓ.3）
⑮ **盲目**〔　　〕的に従う。（p.217 ℓ.9）
⑯ 原点にまで**遡**〔　　〕る。（p.217 ℓ.13）
⑰ 社会に**貢献**〔　　〕する。（p.218 ℓ.12）

語句　知識・技能

1 次の太字の語句の意味を調べなさい。

① **杞憂**《きゆう》にすぎない。（p.212 ℓ.11）〔　　〕
② 決して埋められることのない**乖離**《かいり》。（p.213 ℓ.14）〔　　〕
③ 社会的な**紐帯**《ちゅうたい》。（p.216 ℓ.8）〔　　〕
④ 理性の**狡知**《こうち》。（p.217 ℓ.9）〔　　〕

2 次の語句の意味を後から選びなさい。

① システム（p.208 ℓ.1）〔　　〕
② ダメージ（p.210 ℓ.15）〔　　〕
③ イデオロギー（p.217 ℓ.13）〔　　〕

（信仰　観念　痛手　衝撃　体系）

3 次の語句を使って短文を作りなさい。

① ここかしこ（p.209 ℓ.15）〔　　〕
② あらかじめ（p.216 ℓ.2）〔　　〕

論理の把握

1 空欄に本文中の語句を入れて、内容を整理しなさい。　思考力・判断力・表現力

第一段落（初め～p.210 ℓ.8）

リスクと危険の相違

危　険＝自らの〔ア　〕の帰結と認識されない自然災害や外敵、暴政など
リスク＝選択・決定に伴う〔イ　〕な損害
⇩リスクは社会秩序を律する〔ウ　〕や環境が人間の選択の産物だという自覚が確立した〔エ　〕以降に一般化する

第二段落（p.210 ℓ.9～p.212 ℓ.2）

リスク社会の表層的な特徴

①予想され危惧されるリスクは〔オ　〕な結果をもたらす
②リスクが生じる〔カ　〕は非常に低いか、計算不能である
（①②）分裂した感覚
＊再帰的近代においては、リスク自体が〔キ　〕的にもたらされる

第三段落（p.212 ℓ.3～p.213 ℓ.11）

中庸の選択と民主主義的決定の価値の低さ

リスクに対して平均や〔ク　〕の選択は無意味→民主主義的な決定の基盤を切り崩す

第四段落（p.213 ℓ.12～p.215 ℓ.11）

知と実践的な決定の乖離

科学的な見解が〔ケ　〕→有力な真理候補である〔コ　〕となり、政治的・倫理的判断を裏づけるとの幻想を持てる
⇔
リスクをめぐる科学的な見解…見解の間の〔サ　〕や懸隔を拡張→幻想を持てない

第五段落（p.215 ℓ.12～p.218 ℓ.13）

リスク社会をもたらした究極の要因

通例としてあげられる要因
①近代社会が自然を制御することを選んだこと
②伝統的な規範や〔シ　〕の崩壊

もっと立ち入った要因
個人の選択＝普遍的な真理や〔ス　〕を知る「第三者の審級」の意志や選択に貢献し、参加すること→後期近代に入るまでは、第三者の審級の〔セ　〕に関しては不確実だが、実存に関しては確実だった

第六段落（p.218 ℓ.14～終わり）

リスク社会が後期近代に対応する所以

第三者の審級が〔ソ　〕においても空虚化し、真に撤退→リスク社会の到来

要旨

1 空欄に本文中の語句を入れて、全体の要旨を整理しなさい。　思考力・判断力・表現力

リスクとは〔ア　〕に伴う不確実な〔イ　〕のことで、〔ウ　〕への再帰的な態度が浸透した後期近代に一般化した。リスクを回避する上で〔エ　〕の選択が無意味であることは、〔オ　〕的な決定の基盤を崩してしまう。また、リスクをめぐる科学的な見解は〔カ　〕へと収束しないため、人類は真理に漸近していると実感できない。普遍的な真理を知るはずの第三者の〔キ　〕が本質のみならず〔ク　〕においても空虚化したときリスク社会が到来する。

2 右を参考にして、要旨を百字以内にまとめなさい。

内容の理解

思考力・判断力・表現力

第一段落（初め～p.210 ℓ.8）

1 「リスク risk」（二〇八・11）は「危険 danger」（同）とどのような点で異なっているのか。本文中の語句を用いて二十字以内で説明しなさい。

2 「リスクが一般化するのは、少なくとも近代以降だということになる。」（二〇九・6）と筆者が述べるのはなぜか。次から選びなさい。

ア　近代になって、リスク社会を分析するための概念が人々の間で共有されるようになったから。

イ　近代になって、さまざまなリスクの可能性が社会に存在していたことが露呈したから。

ウ　近代になって、伝統社会にあふれていた天災や外敵などの危険が減少し始めたから。

エ　近代になって、社会の規範が人間の選択によって作られたものだと実感されるようになったから。　〔　　〕

3 「反省的・再帰的な態度」（二〇九・12）とは、具体的にはどのようなあり方のことか。本文中の語句を用いて四十五字以内で説明しなさい。

第二段落

4 「二つの顕著な特徴」（二一〇・10）とは何か。次から二つ選びなさい。　▼学習二

ア　予想されているリスクは大規模で、破壊的な結果をもたらすこと。

イ　リスクが現実化する確率は極めて低いこと。

ウ　リスクが新たなリスクを誘発した場合、必ず被害が拡大すること。

エ　リスクは人間の活動とは無縁であること。　〔　　〕〔　　〕

第二段落（p.210 ℓ.9～p.212 ℓ.2）

5 「リスクの低減や除去を目ざした決定や選択そのものが、リスクの原因となる」（二一一・13）とあるが、これと同意の部分を本文中から二十字以内で抜き出しなさい。

6 「古代ギリシア以来の倫理の基本」（二一二・3）について、次の問いに答えなさい。

(1) 「古代ギリシア以来の倫理の基本」とは何か。本文中から十字で抜き出しなさい。

(2) 「地球の温暖化」（二一二・6）の例における、「古代ギリシア以来の倫理の基本」にのっとった対応策とはどのようなものか。本文中から二十字以内で抜き出しなさい。

第三段落（p.212 ℓ.3～p.213 ℓ.11）

7 「リスクを回避するためには、中庸の選択は無意味である。」（二一二・5）と筆者が述べるのはなぜか。次から選びなさい。

ア　リスク社会は近代になって発生した社会であるので、古代ギリシア以来の古典的な倫理観は通用しないから。

イ　中間的な対応策は、リスクが現実のものとなる場合には効果がなく、現実に起こらないのならそもそも必要がないから。

ウ　実際に被害が生じるかどうかは誰にもわからないので、リスクを避

けるための方策を立てること自体が意味を持たないから。

エ　リスク社会を生き抜くためには、人間にとって一見不都合な対応策でも積極的に選び、勇気を持って試みるべきだから。　〔　　〕

第三段落（p.212 ℓ.3〜p.213 ℓ.11）

8「次善の策」（三三・5）とはどうすることか。具体的に説明した部分を、解答欄に合うように本文中から三十五字以内で抜き出し、初めと終わりの五字で答えなさい。

〔　　〕〜〔　　〕こと。

第四段落（p.213 ℓ.12〜p.215 ℓ.11）

9「近代社会は、両者の間に……関係が成り立っているとの幻想によって、支えられてきた。」（三三・15〜16）とはどういうことか。次から選びなさい。

ア　民主主義的な社会では、政治的な意思決定を行う際、多数派の意見を採用するよりも、半数前後の反対があるような極端な選択肢を採ることが重要だと考えられてきたということ。

イ　科学的な知を量的、質的にどれほど向上させたとしても、仮説は仮説にすぎず、社会的な方策を実践に移す場面で学問は役に立たないと思われてきたということ。

ウ　学者が知見を蓄積し討論を重ねていくことで、それぞれの見解は通説へと収束し、その通説に基づいて倫理的・政治的な判断を行うことができると信じられてきたということ。

エ　学問を追究することで真理の有力な候補である通説を作るという従来の手法が、経済政策や生死についての倫理的な判断においては通用しないとわかり始めたということ。　〔　　〕

第五段落

10「再帰性の水準の上昇したことが、リスク社会化をもたらした」（三六・1）とあるが、通常その背景にはどのような要因があると考えられているのか。本文中から十五字以内で二点抜き出しなさい。

第五段落（p.215 ℓ.12〜p.218 ℓ.13）

11「伝統的な規範やコスモロジーが深く信頼されていれば、リスクは出現しない。」（三六・2）と筆者が述べるのはなぜか。次から選びなさい。

ア　リスクは人類や地球全体の環境に大きな損害をもたらすが、実際にそれが生じる確率はきわめて低いという経験的な認識があるから。

イ　科学者の見解にはばらつきがあるが、時間をかけさえすれば人類は真理に到達できるだろうという想定が自明視されているから。

ウ　人間に大きな損害を与える出来事も伝統的なコスモロジーに従って解釈され、自らの選択の帰結とは見なされないから。

エ　伝統的な規範が規定する社会的紐帯があれば、災害などの危険に対して有効な手段を講じることが可能だから。　〔　　〕

12「もっと別の要因」（三六・11）とは何か。次から選びなさい。

ア　リスク社会が到来した結果、伝統に依拠した社会のつながりよりも個人の選択の自由が優先されるようになったこと。

イ　市場経済などにおいて、諸個人の局所的な選択が結果として全体の合理性をもたらすようになったこと。

ウ　社会が成熟するにつれて、神が何を欲しており何を考えているのかが誰にもわからなくなったこと。

エ　普遍的な真理を知っているはずの、理念的な他者の存在自体が疑われるようになったこと。　〔　　〕

第六段落

13「第三者の審級が、二重の意味で空虚化」（三九・8）するとはどういうことか。本文中の語句を用いて三十字以内で説明しなさい。

学習目標　「コスモポリタニズム」の考え方を理解し、その可能性についての筆者の考えを読み取る。

コスモポリタニズムの可能性（河野哲也）

教科書p.222〜p.233

検印

漢字

知識・技能

1 太字の仮名を漢字に直しなさい。

① **ふへん**〔　　〕性のある理論。（p.223 ℓ.4）
② 互いに**にんたい**〔　　〕する。（p.224 ℓ.4）
③ **きんぱく**〔　　〕した空気。（p.225 ℓ.3）
④ 地域**ふんそう**〔　　〕。（ℓ.8）
⑤ 平等性を**ききゅう**〔　　〕する。（ℓ.16）
⑥ 権利を**ほしょう**〔　　〕する。（p.226 ℓ.1）
⑦ **ちつじょ**〔　　〕を乱す。（ℓ.2）
⑧ 世界**せいふく**〔　　〕をたくらむ。（ℓ.6）
⑨ **すいたい**〔　　〕をもたらす。（ℓ.17）
⑩ 果物が**せいじゅく**〔　　〕する。（p.227 ℓ.7）
⑪ 発言を**ふう**〔　　〕じ込める。（ℓ.9）
⑫ 江戸時代の**しゅうぞく**〔　　〕。（p.228 ℓ.8）
⑬ **じゅんかん**〔　　〕的行動。（p.229 ℓ.4）
⑭ 驚きに**そうぐう**〔　　〕する。（ℓ.14）
⑮ 援助を**ようせい**〔　　〕する。（p.230 ℓ.5）
⑯ 集団に**まいぼつ**〔　　〕する。（p.231 ℓ.3）
⑰ **あいまい**〔　　〕な安全性。（ℓ.11）

2 太字の漢字の読みを記しなさい。

① **包括**〔　　〕的な国際関係。（p.222 ℓ.3）
② 人権を**擁護**〔　　〕する。（p.223 ℓ.15）
③ **野放図**〔　　〕に振る舞う。（p.224 ℓ.2）
④ **債務**〔　　〕を負う。（p.225 ℓ.5）
⑤ エイズなどの**疫病**〔　　〕。（ℓ.8）
⑥ 解決を**妨**〔　　〕げる。（ℓ.10）
⑦ **疎遠**〔　　〕な状態。（ℓ.14）
⑧ 優勝を**狙**〔　　〕う。（p.226 ℓ.6）
⑨ **邪悪**〔　　〕な意思。（ℓ.6）
⑩ 伝統が**称揚**〔　　〕される。（ℓ.9）
⑪ 範囲を**狭**〔　　〕める。（ℓ.11）
⑫ **寡占**〔　　〕を批判する。（p.227 ℓ.10）
⑬ 領域が**浸潤**〔　　〕される。（ℓ.17）
⑭ **万歳**〔　　〕三唱する。（p.228 ℓ.10）
⑮ 事故を**誘発**〔　　〕する。（p.229 ℓ.7）
⑯ 完全な埋没に**憧**〔　　〕れる。（p.231 ℓ.3）
⑰ 意味が**剝奪**〔　　〕される。（p.232 ℓ.3）

語句

知識・技能

1 次の太字の語句の意味を調べなさい。

① **野放図**に広がる。（p.224 ℓ.2）〔　　〕
② 債務を**帳消し**にする。（p.225 ℓ.5）〔　　〕
③ 国家や地域の**エゴ**を批判する。（ℓ.9）〔　　〕
④ 問いに満ちた状況との**邂逅**《かいこう》。（p.230 ℓ.2）〔　　〕
⑤ **唯一無二**の個人。（p.231 ℓ.4）〔　　〕

2 次の□に共通する漢字一字を答えなさい。

① □意味・□関心・□責任〔　　〕
② □確実・□健全・□平等〔　　〕

3 次の語句を使って短文を作りなさい。

① いささかも（p.229 ℓ.2）〔　　〕
② 一見すると（p.230 ℓ.9）〔　　〕

論理の把握

思考力・判断力・表現力　▼学習一

1 空欄に本文中の語句を入れて、内容を整理しなさい。

第一段落（初め～p.222 ℓ.12）

コスモポリタニズムの基本理念

コスモポリタニズム＝すべての人間は人類という一つの〔ア　　〕に属する市民という考え方

↓あらゆる人格に与えられる根源的な権利に応ずる法＝〔イ　　〕を想定

第二段落（p.223 ℓ.1～p.225 ℓ.16）

人間は地球を共有している

コスモポリタニズム…人間の〔ウ　　〕性に目を向ける＝人間は〔エ　　〕を共同で所有

← 地球は一つに繋がりつつある＝グローバル化↓国境を越えて協働すべき問題⇔地域エゴ

＝ 政治・経済・文化・法・情報における関連が境界を越えて拡大 ＝ 環境問題・〔オ　　〕の格差・地域紛争・疫病・人権侵害など

← コスモポリタニズムは公平性と〔カ　　〕性の希求

⇔

国家の枠組みでのコスモポリタニズム

国家という枠組みの強さ↓コスモポリタニズムはむしろ〔キ　　　　〕

← 〔ク　　〕的な安定性を評価＝自己〔ケ　　〕的↓排他主義や保守主義へ

第三段落（p.225 ℓ.17～p.228 ℓ.4）

「炉端」からコスモスへ＝より広い世界での経験によって成長する

⇔

第四段落（p.228 ℓ.5～終わり）

経験が炉端に対する反省的思考を生む

炉端を出ること＝〔コ　　〕すること＝〔サ　　〕の領域での出来事

⇔習慣＝循環的行動

↓新しいものとの出会いが思考と〔シ　　〕を誘発（当たり前に思ってきた慣習や考え方を問い直し、異なった〔ス　　〕を与える）

経験と思考＝人を〔セ　　〕たらしめる出発点

コスモポリタニズムの可能性

要旨

思考力・判断力・表現力

1 空欄に本文中の語句を入れて、全体の要旨を整理しなさい。

コスモポリタリズムは、すべての人間は一つの〔ア　　〕に属し、〔イ　　〕を共有しているという考え方のもとに、〔ウ　　〕化した社会における公平性と平等性を〔エ　　〕する。しかし、現在の世界では〔オ　　〕がいまだに重要な単位であり、開かれた〔カ　　〕性よりも地域性や民族的〔キ　　〕が重んじられている。だが、人間は広い世界での〔ク　　〕によって成長する。経験と、経験が生み出す反省的〔ケ　　〕は、コスモポリタンへの出発点である。

2 右を参考にして、要旨を百字以内にまとめなさい。

内容の理解

思考力・判断力・表現力

第一段落（初め～p.222 ℓ.12）

1 「世界市民法」（二二二・5）とは人間のどのような権利に応ずる法か。本文中の語句を用いて二十五字以内で答えなさい。

第二段落（p.223 ℓ.1～p.225 ℓ.16）

2 「人類という一つの共同体に属する市民として扱う。」（二二三・3）について、次の問いに答えなさい。

(1) 「人類という一つの共同体に属する市民」が共有しているものとは何か。本文中から二十五字以内で抜き出しなさい。

(2) 人間を「人類という一つの共同体に属する市民として扱う」とはどういうことか。次から選びなさい。

ア　地球上に生きる誰もが、一人の人間として尊重されるべき存在だと考えること。

イ　世界政府のもとで、それぞれの国家の主権を公平に制限すること。

ウ　人種や民族といった、人間を小集団に分類する特殊な側面を無視すること。

エ　人間は、内在的な本質が共通している点で互いに平等であると捉えること。

〔　　〕

3 「私たちの道徳的配慮がいまだ自己中心的である」（二二四・17）ことを説明した次の文章の空欄にあてはまる語句を、本文中から抜き出して答えなさい。　▼脚問4

〔　①　〕化した社会では、人間が〔　②　〕を越えて〔　③　〕しなければならない問題を抱えているものの、いまだに自分たちの小さな〔　④　〕の利益を〔　⑤　〕してしまっているということ。

①〔　　〕
②〔　　〕
③〔　　〕
④〔　　〕
⑤〔　　〕

第二段落

4 グローバリズムが「世界征服を狙う邪悪な意思の代名詞のように扱われている」（二二六・6）のはなぜか。次から選びなさい。　▼学習三

ア　グローバリズムは理念的、思想的な立場にすぎず、現在の世界の中ではその意義が認められていないから。

イ　世界政府の持つ権限は国家の政府に比べて小さいため、市民の支持を得られないから。

ウ　グローバリズムが持つ開放性は、社会の発展や成長以上に不確実さや衰退をもたらすと思われているから。

エ　グローバルな大企業による市場や経済の独占によって、中小企業の発展が阻害されているから。

〔　　〕

第三段落（p.225 ℓ.17～p.228 ℓ.4）

5 「世界中が、それぞれの『家』の中に閉じこもろうとしている」（二二六・10）とはどういうことをたとえたものか。次から選びなさい。

ア　国家が世界秩序を守れる唯一の機関であること。

イ　先進国が競って国際問題の解決に乗り出していること。

ウ　誰もが開かれた空間の必要性を感じ始めていること。

エ　世界中の国々が保守化の傾向を強めていること。

〔　　〕

6 「炉端からコスモスへと出ていく」（二二七・5）について、次の問いに答えなさい。

(1) 「炉端」を言い換えた表現を、第三段落（二二五・17～二二八・4）から八字で抜き出しなさい。

第三段落（p.225 ℓ.17〜p.228 ℓ.4）

(2)「コスモスへと出ていく」とはどういうことか。次から選びなさい。

ア　水平化された世界の中で排他主義や保守主義を否定しつつ、民族的な伝統を尊重すること。

イ　特定の共同体を離れて世界にはたらきかけ、新しいものや異質なものと出会って驚くこと。

ウ　階級主義や家父長制を批判し、狭い生活範囲に閉じこめられている人々を救い出すこと。

エ　日常生活の中で、共同体の外部に待ち受ける驚きに左右されない適応力を高めること。

〔　　〕

第四段落（p.228 ℓ.5〜終わり）

7「世界政府など存在しない現在」（二二八・5）において、コスモポリタンであることにはどういう意義があるのか。次から選びなさい。

ア　我々が人類という一つの共同体に属する市民であることを強調して、世界市民という価値観を否定する意義。

イ　経験から得た思考が見知らぬ時代や場所に自らを結びつけることで、自分を問い直す契機を得る意義。

ウ　地域エゴを解消して環境問題や貧困などに対する人々の関心を呼び起こし、国家や地域の共同体を強化する意義。

エ　グローバルな世界の開放性がもたらす不確実さや衰退から、自国の秩序や発展を守る意義。

〔　　〕

8「循環的行動」（二二九・4）は「経験」とどのような点で異なるのか。本文中の語句を用いて二十字以内で説明しなさい。

9「その問いかけに答えようとして考える。」（二二九・16）とはどういうことか。本文中の語句を用いて四十五字以内で説明しなさい。

▼学習五

第四段落（p.228 ℓ.5〜終わり）

10「この利益のほうが損失よりも大きいと考える人」（二三一・10）について、次の問いに答えなさい。

(1) ここでの「損失」とはどのようなことか。十五字以内で答えなさい。

(2) このような人になるための第一歩として筆者が取り上げていることとは何か。本文中から五字で抜き出しなさい。

全体

11 新傾向 本文に関して四人の生徒が発言している。筆者の考えに合致した発言をしている生徒をすべて選びなさい。

生徒A：コスモポリタンとして生きることで、人間は有限な地球の上で忍耐し合って生活しなければならないと自覚できるようになるけれど、遠くの他者に関心をもつ余裕はなくなってしまうんだね。

生徒B：現在の世界では、世界政府や国際機関が実行力のある形で世界市民としての権利を保障しているわけではないから、コスモポリタニズムは、理念的・思想的な立場にとどまっているんだね。

生徒C：コスモポリタンとしてこれまで住み慣れた生き方を離れることで、それまでの物事に与えていた意味の剝奪を経験するけれど、意外なものと出会うたびに従来の意味を思い出せるんだね。

生徒D：コスモポリタニズムの考え方を身につけるためには、開放された空間に移動して経験を積む前に、まずは日常的な自分の習慣から離脱する必要があるんだね。

生徒〔　　〕

学習目標　「ジェンダー化された身体」はどのようなものか、筆者の主張を捉える。

ジェンダー化された身体の行方（川本玲子）

教科書p.236〜p.240　検印

漢字　知識・技能

1 太字の仮名を漢字に直しなさい。

p.236 ℓ.2 ① 命を**うんぱん**（　　）する手段。
ℓ.3 ② 身体の**りゅうき**（　　）。
ℓ.7 ③ **きおく**（　　）を刻む。
ℓ.7 ④ **ぼうきゃく**（　　）を許さない。
p.237 ℓ.1 ⑤ **きょぎ**（　　）申告をはたらく。
ℓ.2 ⑥ **いわかん**（　　）がある。
ℓ.9 ⑦ **たましい**（　　）や精神。
ℓ.18 ⑧ **げんそう**（　　）を抱く。
p.238 ℓ.1 ⑨ 思いを**ぎょうしゅく**（　　）する。
ℓ.11 ⑩ 価値を**かろ**（　　）んじる。
ℓ.12 ⑪ 欲望を**とうえい**（　　）する。
ℓ.17 ⑫ 写真を**かか**（　　）げる。
p.239 ℓ.2 ⑬ **りふじん**（　　）な扱い。
ℓ.3 ⑭ **かたよ**（　　）った女性像。
ℓ.7 ⑮ 被害に**あ**（　　）う。
ℓ.17 ⑯ 悪意ある言葉に**おこ**（　　）る。
p.240 ℓ.3 ⑰ 非正規**こよう**（　　）の男性。

2 太字の漢字の読みを記しなさい。

p.236 ℓ.2 ① **衣装**（　　）を着せる。
ℓ.3 ② **凹凸**（　　）が美しい。
ℓ.9 ③ 制御が**利**（　　）かない。
p.237 ℓ.4 ④ **傲慢**（　　）な決めつけ。
ℓ.5 ⑤ 「**器**（　　）」である身体。
ℓ.12 ⑥ **素人**（　　）向けの書物。
p.238 ℓ.4 ⑦ **可塑**（　　）性が高い。
ℓ.5 ⑧ **柔軟**（　　）に変化する。
ℓ.8 ⑨ **姓名**（　　）という符号。
ℓ.15 ⑩ **忙**（　　）しく立ち働く。
p.239 ℓ.2 ⑪ **辱**（　　）めを与える。
ℓ.3 ⑫ 過去に**執着**（　　）する。
ℓ.7 ⑬ 加害者を**糾弾**（　　）する。
ℓ.9 ⑭ **醜悪**（　　）な表現。
ℓ.15 ⑮ **昨今**（　　）のジェンダー像。
p.240 ℓ.2 ⑯ 妻が**稼**（　　）ぎ手となる。
ℓ.10 ⑰ **搾取**（　　）の対象となる。

語句　知識・技能

1 次の太字の語句の意味を調べなさい。

p.238 ℓ.3 ① **出来レース**のようなものだ。
（　　）
p.239 ℓ.14 ② 大きな自由を**謳歌**《おうか》してきた。
（　　）

2 次の空欄にあとから適語を選んで入れなさい。

p.236 ℓ.8 ① 制御の利かない体を（　　）。
p.237 ℓ.8 ② 私たちの身体を（　　）心。
p.238 ℓ.9 ③ 身体を（　　）ように痛めつける。
（もてあそぶ　つかさどる　持て余す）

3 次の語句を使って短文を作りなさい。

p.236 ℓ.2 ① お仕着せ
（　　）
ℓ.14 ② ちぐはぐ
（　　）
p.238 ℓ.16 ③ 悪びれ
（　　）

論理の把握

1 空欄に本文中の語句を入れて、内容を整理しなさい。 思考力・判断力・表現力

第一段落（初め～ p.236 ℓ.13）

【問題提起】身体とは何か

身体＝命の運搬手段、お仕着せの衣装、自己を表現する広告塔、自己を守り隠す鎧

⇒私たちを閉じ込め窒息させる牢獄、病や事故、暴力の記憶を刻む負の記念碑

私たち　自分のものであるようで違う、〔ア　　〕の利かない何かだと感じている

【主張】その感じは正しいが、また別の意味で完全に私たちのものではない

第二段落（p.236 ℓ.14～p.238 ℓ.6）

【考察】〔イ　　〕が投げかけてくる「おまえは男か女か」という問いに向き合う

・「器」である身体に男か女かのラベルを付されることで、「中身」のあり方が規定され、価値づけられることへの〔ウ　　〕は、誰もが抱くものではないか

・「中身」も脳が作り出す現象。一部の脳科学研究で男女の差異が強調されてきたが、ジェンダー・ステレオタイプが科学的データに「読み込まれた」ものにすぎない

→脳の最も驚くべき特徴＝周囲に応じて柔軟に変化するという〔エ　　〕性

第三段落（p.238 ℓ.7～p.239 ℓ.12）

【主張の再提示】社会に生きる限りは、私たちの身体は、完全に自分のものではない

・姓名という符号を振られ、監視され、管理される。他人の手によってもてあそばれ、痛めつけられ、値踏みされ、売り買いされるモノにまでおとしめられたりする

・ことに女性の身体は、男性の期待や欲望を投影する〔オ　　〕として、男性を大きく映し出してみせる〔カ　　〕としてずっと機能してきた

→こうした理不尽な扱いを導くのは常に、〔キ　　〕社会の願望や執着

「私も《ミー・トゥー》」運動＝身体の正当な所有者としての〔ク　　〕と権利を取り戻そう

第四段落（p.239 ℓ.13～終わり）

・男性の価値が〔ケ　　〕で測られ、専業主夫が差別される現状→長い歴史と地続き

・外で働く女性が〔コ　　〕の対象になりやすい・家庭こそが最もブラックな職場

【主張】〔サ　　〕から目をそらさせる社会のあり方を見極め、見直すべき

要旨

1 空欄に本文中の語句を入れて、全体の要旨を整理しなさい。 思考力・判断力・表現力

私たちの身体は、本人の意志とは関係なく監視され、管理され、価値づけられるという意味で、完全に自分のものではない。ことに女性の身体は、男性の〔ア　　〕や欲望を投影し、男性を現実より大きく映す媒体として機能し、身体の正当な〔イ　　〕としての主体性と〔ウ　　〕を否定されてきた。既存の〔エ　　〕には男性からも不満が表明されつつあるが、まずは〔オ　　〕から目をそらさせる社会のあり方こそを見極め、見直さねばならない。

2 右を参考にして、要旨を百字以内にまとめなさい。

内容の理解

思考力・判断力・表現力

第一段落（初め〜p.236 ℓ.13）

1 ①「それを守り隠す」（二三六・3）、②「それを飾り立て」（二三六・5）とあるが、①・②の「それ」はそれぞれ何をさしているか。本文中から二字で抜き出しなさい。

① ②

2 「それとはまた別の意味で、私たちの身体は、完全に私たちのものではない」（二三六・12）について、次の問いに答えなさい。

(1) 「それ」とはどのような意味をさしているか。次の空欄にあてはまる語句をそれぞれ九字で答えなさい。

自分のものでありながら〔 ① 〕だと感じたり、自分にとって異質な、〔 ② 〕であると感じたりするという意味。

① ②

(2) ここで筆者は、どのような意味で「私たちの身体は、完全に私たちのものではない」と述べているのか。適切なものを次から選びなさい。

ア 他者の目に対して、自分の本当の姿を正確に映し出すことは容易なことではないという意味。

イ 自分の意志とは関係なく、社会からそのあり方を規定され価値づけられてしまうという意味。

ウ 自分の身体が、ただ自分のためだけに存在しているのではなく、周囲の人々との関係の中で存在するという意味。

エ 身体的な性別と私たちの自認している性別とが必ずしも一致するわけではないという意味。

〔 〕

第二段落（p.236 ℓ.14〜p.238 ℓ.6）

3 「虚偽申告をはたらく」（二三七・1）とは、ここではどういうことか。次から選びなさい。

ア 身体的な特徴として現れる性別が、自分の意識のうえでの性別と一致しないということ。

イ 性別に影響されることなく、自分の思うように行動するということ。

ウ 自認している性別と異なるように自分の外見を装うということ。

エ 周囲の人々に対して自分の性別を偽って告げるということ。

〔 〕

4 「たった二種類しかないラベル」（二三七・5）とあるが、具体的にはどのようなラベルか。十五字以内で答えなさい。 ▼脚問2

5 「わかりやすくジェンダー化された脳という幻想」（二三七・18）について、次の問いに答えなさい。

(1) 「わかりやすくジェンダー化された脳」とあるが、「男性脳」「女性脳」というコンセプトが積極的に打ち出される理由として適当なものを次から選びなさい。

ア 男女の能力は、生まれた環境や周囲の状況によって柔軟に変化すると考えられているから。

イ 男女の能力の差は、個人の努力や経験によって逆転することができるものだと考えられているから。

ウ 男女の能力の差は、生まれた環境や個人の体験に関係なく先天的に決まっているものだと考えられているから。

エ 男女の能力の差は、生まれたときには全く存在しないものだと考えられているから。

〔 〕

(2) 筆者は脳をジェンダー化することを「幻想」と捉えているが、これは人間の脳が実際にはどのようなものだからか。それを説明した次の文の空欄にあてはまる語句を「身体」という語句を用いて三十五字以内で答えなさい。

脳は、状況に応じて変化するという可塑性を備えており、［　　　　］ものだから。

第三段落（p.238 ℓ.7〜p.239 ℓ.12）

6 「値踏みされ、売り買いされるモノ」（二三八・10）を言い換えた語句を第三段落（二三八・7〜二三九・12）から六字で抜き出しなさい。（記号は字数に含めない）

［　　　　］

7 「職場で忙しく立ち働く女性に、痛くて歩きにくい、かかとの高い靴を履くように要求すること」（二三八・15）とあるが、筆者はこうした慣例が存在するのはなぜだと考えているか。四十五字以内で答えなさい。

［　　　　］

8 「自分自身の身体を取り戻そうというかれらの強い意志表明」（二三九・12）とあるが、「自分自身の身体を取り戻」すとはここではどういうことか。次の空欄にあてはまる語句を、本文中から十六字で抜き出しなさい。

自分の身体の［　　　　］を主張し、それを回復すること。

第四段落（p.239 ℓ.13〜終わり）

9 「既存のジェンダー像について、男性側からも不満が表明されつつある」（二三九・15）について、次の問いに答えなさい。

(1) 新傾向 ここでいう「既存のジェンダー像」の具体例として適当でないものを次から選びなさい。

ア　家に入って家事に専念するのは男性の役目ではない。

イ　家族や共同体を守るために戦うのは男性の義務である。

ウ　男性も家事や子育ての役割を受け持たなければならない。

エ　妻や子供を養えない男性は一人前の男とは認められない。

［　　］

(2) 男性の「既存のジェンダー像」は、どのような考え方に根ざして形作られてきたと筆者は考えているか。「身体」という語句を使って、三十字以内で書きなさい。

［　　　　］

10 新傾向 第四段落（二三九・13〜終わり）の内容に関して四人の生徒が発言している。筆者の主張に合致した発言をしている生徒をすべて選びなさい。

生徒A：今の日本には女性差別もあるけれど、生き方の選択肢が限られている男性のほうがより不当な差別を受けていると言えるな。

生徒B：女性には仕事を辞めて家に入るという選択肢があるといっても、不平等な労働環境のせいでそれを選ばされている側面もあるよね。

生徒C：いずれにしても既存のジェンダー像によって社会から軽んじられたり生きにくさを感じたりする人がいるのは事実だね。

生徒D：「男対女」という対立の構図をあおったり、「女の敵は女」といった言説を流したりすることが、社会の構造的不平等の原因なんだね。

生徒［　　］

学習目標　人間の進化について理解し、筆者が提示する現代社会における問題の解決方法を捉える。

ヒトの進化と現代社会（長谷川眞理子）

教科書p.241～p.246

検印

漢字　知識・技能

1 太字の仮名を漢字に直しなさい。

p.241 ℓ.4 ①判断のきじゅん〔　　〕。
p.241 ℓ.5 ②れきし〔　　〕に学んで考える。
p.241 ℓ.7 ③進化してきたかてい〔　　〕。
p.241 ℓ.8 ④ヒトの進化をふ〔　　〕り返る。
p.242 ℓ.5 ⑤コストをはら〔　　〕う。
p.242 ℓ.12 ⑥武力によるとうそう〔　　〕。
p.242 ℓ.15 ⑦リスクをかいひ〔　　〕する。
p.243 ℓ.1 ⑧子供がぜんめつ〔　　〕する。
p.243 ℓ.8 ⑨けつえん〔　　〕者が多い。
p.243 ℓ.10 ⑩ふくざつ〔　　〕な仕事。
p.243 ℓ.12 ⑪子育てに手をか〔　　〕す。
p.243 ℓ.15 ⑫共同繁殖のしょうこ〔　　〕。
p.244 ℓ.8 ⑬子供のめんどう〔　　〕を見る。
p.244 ℓ.12 ⑭プライバシーのがいねん〔　　〕。
p.245 ℓ.3 ⑮ネットワークのふっかつ〔　　〕。
p.245 ℓ.6 ⑯人類がたんじょう〔　　〕する。
p.245 ℓ.8 ⑰すいろん〔　　〕をはたらかせる。

2 太字の漢字の読みを記しなさい。

p.241 ℓ.2 ①社会について悩〔　　〕む。
p.241 ℓ.5 ②理想を培〔　　〕う。
p.241 ℓ.15 ③哺乳類〔　　〕に属する。
p.241 ℓ.15 ④胎児〔　　〕を妊娠する。
p.242 ℓ.2 ⑤雌の繁殖〔　　〕コスト。
p.242 ℓ.4 ⑥哺乳類の雌雄〔　　〕の違い。
p.242 ℓ.6 ⑦配偶〔　　〕のチャンス。
p.242 ℓ.12 ⑧戦いに有利な角や牙〔　　〕。
p.242 ℓ.18 ⑨夫婦〔　　〕で子育てをする。
p.243 ℓ.17 ⑩ヒトが出現〔　　〕する。
p.243 ℓ.18 ⑪狩猟〔　　〕採集民。
p.244 ℓ.2 ⑫漁労〔　　〕で暮らす。
p.244 ℓ.3 ⑬貨幣〔　　〕経済が浸透する。
p.244 ℓ.13 ⑭一方向に推〔　　〕し進める。
p.244 ℓ.14 ⑮結婚〔　　〕後も働く。
p.245 ℓ.8 ⑯言語を操〔　　〕る。
p.245 ℓ.14 ⑰爆発〔　　〕的な変化。

語句　知識・技能

1 次の太字の語句の意味を調べなさい。

p.241 ℓ.7 ①この疑問に資する一つの材料。
〔　　〕
p.243 ℓ.13 ②赤の他人の子供をかわいいと感じる。
〔　　〕
p.245 ℓ.14 ③環境変化と私たちの心や体とのギャップ。
〔　　〕

2 次の空欄にあとから適語を選んで入れなさい。

p.241 ℓ.1 ①〔　　〕の条件の中で最大限努力する。
p.244 ℓ.4 ②体と脳の奥深くで〔　　〕がはたらく。
p.244 ℓ.10 ③「専業主婦」の存在は、人類進化史の中で〔　　〕のものだ。
p.245 ℓ.2 ④ヒトの〔　　〕は共同繁殖にある。

（原点　所与　情動　希有）

3 次の語句を使って短文を作りなさい。

p.244 ℓ.4 ①様変わり
〔　　〕
p.244 ℓ.8 ②誰彼なく
〔　　〕

論理の把握

1 空欄に本文中の語句を入れて、内容を整理しなさい。 思考力・判断力・表現力

第一段落（初め〜p.241 ℓ.14）	第二段落（p.241 ℓ.15〜p.243 ℓ.5）	第三段落（p.243 ℓ.6〜p.245 ℓ.5）	第四段落（p.245 ℓ.6〜終わり）
【問題提起】よりよい社会を作ろうと考えるときの基準は何なのだろう? →ヒトという動物が進化してきた過程を振り返る 【理由】私たちが「〔ア　〕」と考える状態を実現するうえで必要なことだから	九十五パーセントの哺乳類…雌が子育てするが、雄は子育てしない ・雄…次の〔イ　〕のチャンスを探すため雄どうしの競争が激しい →闘争に有利な「武器」的形質の進化や、〔ウ　〕的な繁殖成功を優先 ・雌…メスどうしの競争は少ない →〔エ　〕的に自分と子供の生存率を上げるような性質が進化 残りの五パーセントの哺乳類…雄も子育てに関わる ・父親と母親以外の個体も子育てに関わる「〔オ　〕」を採る種…雄どうしの配偶競争も激しくなく、雄と雌の形質や大きさの差も小さい	ヒト「〔カ　〕」の動物　＝多くの〔キ　〕も子育てに関わる 狩猟採集社会、農耕・牧畜社会でも、〔ク　〕の全体で子育てしてきた 貨幣経済が浸透、都市化、産業化が起こり、人々の暮らしは様変わり 「本来、ヒトは共同繁殖の動物である」という事実が忘れ去られている 〔ケ　〕やプライバシーの概念…子育てを核家族の中に閉じ込める要因 【主張】そもそも人類は、〔コ　〕が一人で子育てするなど無理な動物 「働く女性のために保育所を」ではなく、誰もが働きながら、誰もが子育てに関わる〔サ　〕を持つように、社会を変えていく発想が必要	近年 ヒトが技術を発展させる速度は加速→「〔シ　〕」で自分たちを取り囲む 〈しかし〉私たちの体と心は、この環境に追いついて進化しているわけではない 【主張】よりよい社会作りについて考える材料の一つとして、私たちがどのような動物としてどのような環境で進化してきたかを知ることは、大いに役立つ

要旨

1 空欄に本文中の語句を入れて、全体の要旨を整理しなさい。 思考力・判断力・表現力

ヒトは「共同繁殖」の動物で、人々はずっとコミュニティ全体で〔ア　〕をしてきた。人々の暮らしは様変わりしたが、そもそも人類は母親が一人で子育てするなど無理な動物であり、誰もが働きながら子育てに関わる〔イ　〕を持つという発想が必要だ。〔ウ　〕の発展による〔エ　〕の変化に私たちの体と心の進化は追いついていない。よりよい〔オ　〕を作るには、私たちが〔カ　〕として進化してきた過程を知ることが役に立つだろう。

2 右を参考にして、要旨を百字以内にまとめなさい。

内容の理解

思考力・判断力・表現力

第一段落（初め〜p.241 ℓ.14）

1 「その『理想』はどうすれば実現できるのだろうか？」（二四一・5）という疑問について、次の問いに答えなさい。

(1) 「その『理想』」とはどのような「理想」か。本文中から二十五字で抜き出し、初めと終わりの五字で答えなさい。（記号は字数に含める）

〜

(2) 筆者はこの疑問をどのような観点から考察しようとしているのか。本文中の語句を用いて三十字以内で答えなさい。

第二段落（p.241 ℓ.15〜p.243 ℓ.5）

2 「そのような雌」（二四二・7）とはどのような雌か。本文中の語句を用いて二十字以内で答えなさい。

3 「雄は、配偶のチャンスを巡る雄どうしの競争に有利な形質を進化させる」（二四二・9）について、次の問いに答えなさい。

(1) 雄は具体的にどの形質を進化させるのか。本文中から十三字で抜き出しなさい。（記号は字数に含める）

(2) 雄はなぜその形質を進化させるのか。その理由として適当なものを次から選びなさい。

ア　雌は子育て期間は配偶をしないので、配偶のチャンスがある少ない雌を巡って、多くの雄と力で争う必要があるから。

イ　雌は子育てをしながら配偶のチャンスを探る性質があるため、雌に気に入られやすくなるように力を誇示する必要があるから。

ウ　哺乳類の繁殖コストは雄雌ともに高いので、雄は常に配偶のチャンスを巡って雌と争うことになり、力が必要となるから。

エ　哺乳類の雄は配偶のチャンスが少ないため、雌や少ない子供を守る際に常に闘争する必要があるから。

〔　　〕

(3) これに対して雌はどのような進化をするのか。解答欄に合うように本文中から十七字で抜き出しなさい。

ような、リスクを回避する性質を進化させる。

第二段落（p.241 ℓ.15〜p.243 ℓ.5）

4 「このような種では、雄に特有の角や牙はなく、雄の体の大きさが雌に比べてとくに大きいということもない」（二四三・4）とあるが、それはなぜか。二十五字以内で答えなさい。

第三段落（p.243 ℓ.6〜p.245 ℓ.5）

5 「ヒトはマングースなどに近い『共同繁殖』の動物だ」（二四三・6）とあるが、ヒトが「共同繁殖」であることは、ヒトのどのような特徴からわかるか。二点答えなさい。

〔　　〕〔　　〕

第三段落（p.243 ℓ.6〜p.245 ℓ.5）

6 「私たちの体と脳の奥深いところではたらく情動は、昔のままである」（二四四・4）とあるが、筆者はここでどのようなことを言おうとしているのか。次から選びなさい。

ア　共同繁殖の動物としてのヒトの暮らしぶりは変わらないということ。
イ　狩猟採集民としてのヒトの本能はいまだに残っているということ。
ウ　共同繁殖の動物であるというヒトの本質は変わらないということ。
エ　現代人も昔のままの人間らしい感情を失ってはいないということ。

〔　　〕

7 「『専業主婦』などという存在は、人類進化史の中で希有のものだ」（二四四・10）とあるが、「専業主婦」のどのような点が「希有」だというのか。本文中の語句を用いて十五字以内で答えなさい。 ▼脚問1

8 「子育てを誰が助けてくれるのかが問題となる」（二四四・14）とあるが、この問題の解決のために、筆者はどうすることを主張しているか。解答欄に合うように本文中の表現を用いて四十字以内で答えなさい。

社会の仕組みを　　　　　　　　　　こと。

9 「ヒトの原点はそこにある」（二四五・2）とあるが、「そこ」とは何か。本文中から五字以内で抜き出しなさい。

第四段落（p.245 ℓ.6〜終わり）

10 「このギャップ」（二四五・14）とあるが、その「ギャップ」とはどのようなことから生じているのか。「環境」「体」という語句を用いて、四十五字以内で書きなさい。

読み比べ

11 新傾向 次の表は、『ジェンダー化された身体の行方』『ヒトの進化と現代社会』の内容を生徒が比較してまとめたものである。空欄にあてはまる適当な語句を、それぞれ選びなさい。

	ジェンダー化された身体の行方	ヒトの進化と現代社会
共通するテーマ	社会に根づいている、女性はこうあるべきだという〔①〕に対する問題意識	よりよい社会作りについて、
考察の観点	〔②〕の画一的なイメージによって理不尽な扱いを受ける問題について、文化的・社会的立場から考察	ヒトはもともと「共同繁殖」の〔③〕であるという進化における事実をふまえて考察
問題解決に向けての主張	類型的なジェンダー表象の裏にある〔④〕的不平等から目をそらさせる社会のあり方の見直しが必要だ	誰もが働きながら子育てに関わるネットワークを持つというように社会の〔⑤〕を変えていく発想が必要だ

ア 組織　イ 動物　ウ 既成概念　エ 本質　オ 構造
カ 性別　キ 努力　ク 仕組み

①〔　　〕 ②〔　　〕 ③〔　　〕 ④〔　　〕 ⑤〔　　〕

学習目標　筆者の主張を文脈に即して理解し、社会を形作る制度と人間との関係を読み取る。

目に見える制度と見えない制度（中村雄二郎）

教科書p.248～p.260

検印

漢字　知識・技能

1 太字の仮名を漢字に直しなさい。

p.248 ℓ.2 ①じゅんちょう〔　　〕な生活。
p.248 ℓ.3 ②交通ほうき〔　　〕。
p.248 ℓ.6 ③不透明なていこう〔　　〕物。
p.248 ℓ.11 ④信号やひょうしき〔　　〕。
p.251 ℓ.4 ⑤牛馬をほうぼく〔　　〕する。
p.253 ℓ.4 ⑥各きかん〔　　〕が決定する。
p.253 ℓ.4 ⑦しんぎ〔　　〕する。
p.253 ℓ.5 ⑧公布し、しこう〔　　〕する。
p.253 ℓ.5 ⑨設定されたきはん〔　　〕。
p.254 ℓ.7 ⑩だせい〔　　〕的な性格。
p.254 ℓ.12 ⑪社会科学のたいしょう〔　　〕。
p.255 ℓ.1 ⑫かんしゅう〔　　〕に基づく。
p.255 ℓ.5 ⑬あんもく〔　　〕のうち。
p.256 ℓ.1 ⑭えんりょ〔　　〕がない。
p.256 ℓ.11 ⑮ほうけん〔　　〕的な考え。
p.257 ℓ.11 ⑯古いとだな〔　　〕。
p.258 ℓ.5 ⑰制度をりつあん〔　　〕する。

2 太字の漢字の読みを記しなさい。

p.248 ℓ.4 ①不動産の売買〔　　〕。
p.248 ℓ.7 ②物理的な拘束〔　　〕力。
p.249 ℓ.2 ③国法の侵犯〔　　〕。
p.250 ℓ.4 ④規則で律〔　　〕する。
p.250 ℓ.4 ⑤居住〔　　〕地を変える。
p.250 ℓ.8 ⑥集団生活を営〔　　〕む。
p.250 ℓ.9 ⑦衣食住の必需〔　　〕品。
p.250 ℓ.10 ⑧刻印〔　　〕を押す。
p.250 ℓ.14 ⑨円滑〔　　〕な社会生活。
p.251 ℓ.1 ⑩意思の疎通〔　　〕を欠く。
p.251 ℓ.3 ⑪原野を開墾〔　　〕する。
p.251 ℓ.12 ⑫調整や統御〔　　〕。
p.252 ℓ.8 ⑬意志のはたらきの有無〔　　〕。
p.253 ℓ.8 ⑭身柄〔　　〕を拘禁する。
p.254 ℓ.14 ⑮人間の疎外〔　　〕。
p.255 ℓ.1 ⑯成文〔　　〕化した制度。
p.255 ℓ.11 ⑰贈与〔　　〕儀礼という制度。

語句　知識・技能

1 次の太字の語句の意味を調べなさい。

p.248 ℓ.4 ①いや応なしに解決しなければならない。〔　　〕
p.248 ℓ.11 ②もとは些細《ささい》な信号の無視。〔　　〕
p.250 ℓ.10 ③自然物に人間の刻印を押す。〔　　〕
p.251 ℓ.1 ④意思の疎通を欠く。〔　　〕
p.254 ℓ.7 ⑤多かれ少なかれ慣性的な性格を帯びる。〔　　〕
p.256 ℓ.11 ⑥現実の軛《くびき》を逃れる。〔　　〕

2 次の語句を使って短文を作りなさい。

p.254 ℓ.7 ①多かれ少なかれ〔　　〕

論理の把握

1 空欄に本文中の語句を入れて、内容を整理しなさい。

思考力・判断力・表現力　▶学習一

第一段落（初め〜p.249 ℓ.9）法律や制度の存在の姿	第二段落（p.249 ℓ.10〜p.252 ℓ.2）人間関係を合理化し、客観化した法律・制度	第三段落（p.252 ℓ.3〜p.254 ℓ.14）人間の意志で作り出された法律・制度	第四段落（p.254 ℓ.15〜p.258 ℓ.16）無意識に作られた目に見えない制度	第五段落（p.259 ℓ.1〜終わり）合目的的な秩序により成り立つ共同体
序論	本論	本論	本論	結論
順調な社会生活における法律や制度…〔　ア　〕で気にならない ↔ 法律に〔　イ　〕したり、法律的に問題解決をしなければならなくなったとき …〔　ウ　〕な抵抗物→物理的な拘束力を持つ	人間＝集団のうちで他人との関係において生きている …集団が大きくなる→人間関係の〔　エ　〕化→意思の疎通を欠きやすい ↓ 社会生活が円滑に運営をされていくためには 社会関係の合理化・客観化法律・制度…人間関係を合理化・客観化したもの	人間の意志で作り出された法律・制度 …第二の〔　オ　〕として固有の法則や論理を持つ ＝仮構的なものでありながら現実的な力を持つ 実定的な法律・制度→人間の意志との結びつきがなくなる→人間疎外の状態	〔　カ　〕に作られた目に見えない制度の重要性 年中行事・儀礼・文化・作法…「習い性となる」 ＝集団として無意識のうちに〔　キ　〕的な秩序や体系を形作る	意識的・無意識的な制度＝合目的的な秩序による結びつき ↓ 共同社会の成立

要旨

1 空欄に本文中の語句を入れて、全体の要旨を整理しなさい。

思考力・判断力・表現力

集団における人間相互の関係が間接的で、意思の〔　ア　〕を欠くようになると、関係を合理化・〔　イ　〕するために、人間の意志のはたらきで設定・定立された法律や制度が必要になる。〔　ウ　〕化した、目に見える制度に劣らず重要なのが、〔　エ　〕制度である。人間は社会において共同生活を営むうえで、この二種類の制度を基礎にして合目的的な〔　オ　〕を形成し、それらを仲立ちとして互いに結びつき、〔　カ　〕を形作っているのである。

2 右を参考にして、要旨を百字以内にまとめなさい。

内容の理解

思考力・判断力・表現力

第一段落（初め〜p.249 ℓ.9）

1 「透明」（二四八・5）、「不透明」（二四八・6）をわかりやすく言い換えた語句を、二四九ページから抜き出しなさい。

透明〔　　　〕
不透明〔　　　〕

2 「さまざまの姿を示し得る」（二四九・7）とは、法律や制度のどういう変化をさしているのか。解答欄に合う語句を、本文中から抜き出しなさい。　▼脚問3

〔　　　〕から
〔　　　〕へ、さらに
〔　　　〕へという変化。

第二段落（p.249 ℓ.10〜p.252 ℓ.2）

3 「法律が、また制度がなぜあるのか」（二四九・10）とあるが、この点について筆者はどのように考えているか。二五一ページから二十字程度で抜き出しなさい。

4 「個々人のうちにも社会は内面化されている」（二四九・16）とはどういうことか。次から選びなさい。

ア　社会的な動物である人間は、現代では単独行動する力を失ったということ。
イ　社会的な動物である人間は、すでに社会性を内在化しているということ。
ウ　共同生活をする人間は、社会に対する責任を負わなければならないということ。
エ　人間一人一人の行動は、すべて社会全体の行動傾向に従っているということ。
〔　　〕

第二段落（p.249 ℓ.10〜p.252 ℓ.2）

5 「もっと本質的なこと」（二五〇・7）について説明した次の文の空欄にあてはまる語句を、本文中から抜き出して答えなさい。

〔ア　　〕生活を営む人間によって作り出されたさまざまなものは、社会生活に〔イ　　〕となり、それらの〔ウ　　〕なしには〔エ　　〕生活を円滑に営むことができなくなるということ。

6 新傾向 「人間関係がいっそう複雑化し間接化する中」（二五一・10）で、法律や制度はどのような役割を果たしているのか。次の条件に合う形で答えなさい。

（条件）・「〜することによって……役割。」という形で書くこと。
・本文中の語句を用いて全体を四十五字以内にまとめること。

第三段落（p.252 ℓ.3〜p.254 ℓ.14）

7 A「自然法則」（二五三・8）、B「法律や制度の法則」（二五三・11）とあるが、それぞれの存在のしかたを本文中の語句を用いて説明しなさい。

A〔　　　〕
B〔　　　〕

第三段落（p.252 ℓ.3〜p.254 ℓ.14）

8「そうする」（二五三・2）とはどうすることか。次から選びなさい。

ア　自然法則をあるがままのものとして認識すること。
イ　法律や制度が人間の意志のもとに設定されて在ること。
ウ　人間の意志を外部に客観化すること。
エ　社会的な現実を再組織し秩序立てていること。

〔　　〕

9「自然物や道具と同じように考えてはならない。」（二五三・16）と筆者が考えるのはなぜか。次から選びなさい。

ア　法律や制度が、人間の意志の有無にかかわらず存在すべきものであるから。
イ　法律や制度は、処罰規定を設けなければ違反を防ぐことができないものであるから。
ウ　法律や制度が、あくまで人間の想像力によって作り出されたものであるから。
エ　法律や制度は、人間の共同の意志にかなったものでなければならないから。

〔　　〕

10「制度による私たち人間の疎外」（二五四・14）について説明した次の文の空欄にあてはまる語句を、本文中から抜き出して答えなさい。

制度の〔ア　　〕的、慣性的な性格が強まり、制度を作った人間の〔イ　　〕の意志から離れて、法則としての拘束力を強めて人間を〔ウ　　〕するようになること。

第四段落

11「無意識に作られた、目に見えない制度」（二五五・4）に相当しないものを次から選びなさい。

ア　成文化された制度
イ　慣習や習俗
ウ　共通の言語体系
エ　感性構造

〔　　〕

第四段落（p.254 ℓ.15〜p.258 ℓ.16）

12「習い性となる」（二五五・13）とはどういうことか。本文中から五十五字以内で抜き出し、初めと終わりの五字を答えなさい。

〔　　　　　〕〜〔　　　　　〕

13「しかしながら」（二五七・2）とあるが、ここで筆者が指摘したいことは何か。次から選びなさい。

ア　親が決めた家本位の男女の結びつきと自由な意思による恋愛とは、愛情の深さにおいて変わりはないということ。
イ　封建的な家族制度は本来の人間性を束縛し、人間の本性を解放する自由な恋愛とは矛盾するものであるということ。
ウ　人間を束縛する家本位の男女の結びつきも、人間を解放する自由な恋愛も「制度」の作り出したものであったということ。
エ　近代的な恋愛こそ人間の自然であると考えられていたものの、その近代的な発想もすでに過去のものであるということ。

〔　　〕

14「誤って考えられてきた」（二五八・10）とあるが、誤った考え方にあたる部分を、本文中から三十字以内で抜き出しなさい。

〔　　　　　　　　　　　　　　　〕

全体

15 次の中から、A「目に見える制度」、B「目に見えない制度」について端的に説明しているものを、それぞれ一つずつ選びなさい。

ア　意識的および無意識的に形成した合目的的な秩序。
イ　意識的に形成した合目的的な秩序。
ウ　無意識的に形成した合目的的な秩序。
エ　合目的的な秩序が形成した共同社会。

A〔　　〕　B〔　　〕

学習目標 具体例と主張との関係を把握し、筆者の考える民主主義社会のあり方を読み取る。

「である」ことと「する」こと（丸山真男）

教科書p.262〜p.277

検印

漢字

1 太字の仮名を漢字に直しなさい。

① 借りた金の**さいそく**〔　　〕。（p.262 ℓ.2）
② **くうそ**〔　　〕な説教。（p.263 ℓ.8）
③ 権力を**しょうあく**〔　　〕する。（p.263 ℓ.9）
④ 生活の**だせい**〔　　〕を好む。（p.264 ℓ.2）
⑤ 最も**ないおう**〔　　〕の意味。（p.265 ℓ.1）
⑥ 役割を**にな**〔　　〕っている。（p.266 ℓ.8）
⑦ **とうぎ**〔　　〕の手続きを定める。（p.267 ℓ.9）
⑧ **じゅきょう**〔　　〕の教え。（p.267 ℓ.13）
⑨ 深く**しんとう**〔　　〕する。（p.269 ℓ.14）
⑩ 政治家の**はばつ**〔　　〕。（p.270 ℓ.16）
⑪ **ずいじ**〔　　〕に関係が結ばれる。（p.270 ℓ.17）
⑫ **もうれつ**〔　　〕な勢い。（p.272 ℓ.6）
⑬ 社会的基礎の**せいじゅく**〔　　〕。（p.272 ℓ.11）
⑭ サービスの**きょうじゅ**〔　　〕権。（p.273 ℓ.17）
⑮ 休日や**かんか**〔　　〕の過ごし方。（p.274 ℓ.2）
⑯ 学問的不毛の**げんせん**〔　　〕。（p.274 ℓ.11）
⑰ 価値を**ちくせき**〔　　〕する。（p.276 ℓ.5）

2 太字の漢字の読みを記しなさい。 知識・技能

① **規定**〔　　〕の根拠。（p.262 ℓ.5）
② 権利を**行使**〔　　〕する。（p.263 ℓ.6）
③ 大げさな**威嚇**〔　　〕。（p.263 ℓ.8）
④ すぐ人に頼る**気性**〔　　〕。（p.264 ℓ.4）
⑤ 荷厄介な**代物**〔　　〕。（p.264 ℓ.5）
⑥ その**都度**〔　　〕検証する。（p.265 ℓ.7）
⑦ 道徳が人間関係の**要**〔　　〕。（p.268 ℓ.1）
⑧ **素性**〔　　〕に基づく人間関係。（p.268 ℓ.8）
⑨ **封建**〔　　〕社会の君主。（p.268 ℓ.13）
⑩ **横行**〔　　〕する。（p.270 ℓ.16）
⑪ 二つの価値の**倒錯**〔　　〕。（p.272 ℓ.7）
⑫ **大手**〔　　〕を振って通用する。（p.272 ℓ.13）
⑬ 価値の**浸潤**〔　　〕の程度。（p.272 ℓ.16）
⑭ **卑近**〔　　〕な実用の規準。（p.274 ℓ.7）
⑮ **氾濫**〔　　〕に対する防波堤。（p.274 ℓ.13）
⑯ **寡作**〔　　〕な芸術家。（p.275 ℓ.16）
⑰ 休止は**怠惰**〔　　〕ではない。（p.276 ℓ.1）

語句

1 次の太字の語句の意味を調べなさい。 知識・技能

① 催促されないのをいいことに**猫ばばを決め込む**。（p.262 ℓ.3）
〔　　〕
② **属性**として内在する。（p.265 ℓ.6）
〔　　〕
③ 制度の**建て前**が民主主義である。（p.270 ℓ.11）
〔　　〕
④「大衆社会」的諸相が急激に**蔓延**《まんえん》する。（p.273 ℓ.6）
〔　　〕

2 次の空欄にあとから適語を選んで入れなさい。

①〔　　〕民主主義であり得る。（p.264 ℓ.16）
②〔　　〕手段を用いて果たす。（p.275 ℓ.1）
③〔　　〕意味を持っている。（p.276 ℓ.9）

（しかるべき　かろうじて　しばしば　否定しがたい　おそろしく）

3 次の語句を使って短文を作りなさい。

① 軌道に乗る（p.267 ℓ.10）
〔　　〕
② 軸を置く（p.275 ℓ.5）
〔　　〕

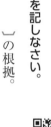

論理の把握

1 空欄に本文中の語句を入れて、内容を整理しなさい。 思考力・判断力・表現力 ▼学習一

第一段落（初め～p.264 ℓ.5）	序論	時効のロジック→権利や〔ア〕は現実の行使によってだけ守られる 物事の判断を人に預け、惰性で生活をする者には荷厄介な代物
第二段落（p.264 ℓ.6～p.266 ℓ.5）		民主主義＝不断の民主化によって民主主義であり得る…自由と同様 近代精神のダイナミックスは、「〔イ〕」価値・論理から「〔ウ〕」価値・論理への移行で生まれたもの
第三段落（p.266 ℓ.6～p.268 ℓ.4）	本論1	「である」社会の典型＝徳川時代 〔エ〕より何であるかが価値判断の重要な基準
第四段落（p.268 ℓ.5～p.271 ℓ.1）	本論2	「である」論理から「する」論理への移行…領域・組織などで落差や食い違い →経済における「する」論理への移行は早いが、〔オ〕においては不十分
第五段落（p.271 ℓ.2～p.272 ℓ.5）		〔カ〕主義…市民にまで解放する運動として発達 →すべての市民が政治に関心を持ち政治活動をすべきだ
第六段落（p.272 ℓ.6～p.274 ℓ.14）	本論3	近代日本の混乱…「する」価値が浸透する一方、「〔キ〕」価値が根強く残る むしろ厄介なのは…「する」価値と「である」価値の倒錯
第七段落（p.274 ℓ.15～p.276 ℓ.5）	結論	芸術や教養…結果よりそれ自体に価値がある→大衆の嗜好や多数決では測れない 文化的創造…学問や芸術において養われた豊かな価値の〔ク〕が何より大事
第八段落（p.276 ℓ.6～終わり）		現代＝「〔ケ〕」の時代 深く内に蓄えられたものへの確信に支えられてこそ、文化の立場からする政治への発言と行動が生きてくる→価値倒錯を〔コ〕できる

要旨

1 空欄に本文中の語句を入れて、全体の要旨を整理しなさい。 思考力・判断力・表現力

権利や自由はそれを現実に〔ア〕することにより保持でき、民主主義も〔イ〕の民主化が必要だ。近代社会では、「〔ウ〕」目的による関係や制度の比重が増し、「〔エ〕」論理・価値から「する」論理・価値へと移行する。ただ、〔オ〕の領域では「である」価値が根強く残って民主化を妨げ、〔カ〕の領域には「する」価値が侵入し、価値の〔キ〕が起きた。そこで教養を蓄えた文化の発言と行動による〔ク〕が必要だ。

2 右を参考にして、要旨を百字以内にまとめなさい。

内容の理解

思考力・判断力・表現力

第一段落（初め～p.264 ℓ.5）

1 「権利の上に眠る者」（二六三・6）と同意の表現を、二十五字以内で本文中から抜き出し、初めと終わりの五字を解答欄に合うように答えなさい。

［　　　　　］～［　　　　　］者

2 「自由獲得の歴史的なプロセスを、いわば将来に向かって投射したもの」（二六三・2）について述べたものとして適当なものを次から選びなさい。

ア　現在は無理でも将来は必ず自由を手に入れられるということ。
イ　国民が主催者であるという立場を押さえる必要があるということ。
ウ　血塗られた道程が示す教訓を今後も忘れてはならないということ。
エ　自由を獲得する努力を将来も続けなければならないということ。

脚問1　〔　　〕

3 「著しく共通する精神を読み取る」（二六三・4）について、次の問いに答えなさい。

(1) 共通する精神を読み取ることができるのは何と何からか。二字の漢字と十字の語句で抜き出しなさい。

(2) 「共通する精神」とはどのようなものか。本文中から五字で抜き出しなさい。

4 「生活の惰性を好む者、……荷厄介な代物だ」（二六四・2～5）とあるが、「荷厄介な代物」と言える理由として適当でないものを次から選びなさい。

ア　うまく考えてやってくれる人がいるのだろうし、自分でいちいち判断するのはうっとうしいことだから。
イ　自由や権利は大切なもので、それを擁護する努力は必要だから。
ウ　常に緊張感や危機感を持って生きていくのは面倒極まりないから。
エ　世の中の動きに目を光らせるより自分の生活にじっくり浸かっているほうが楽だから。

〔　　〕

第二段落（p.264 ℓ.6～p.266 ℓ.5）

5 「自由人」（二六四・6）であるためには、どうすることが必要か。次から選びなさい。

ア　自分は自由人であると固く信じ続けていること。
イ　自分の考えや行動を絶えず点検したり吟味したりすること。
ウ　自分が好きな歌手に熱中し、追っかけをしたりすること。
エ　自分自身の中に巣食う偏見から自由ではないと思うこと。

〔　　〕

6 「民主主義というものは、人民が本来制度の自己目的化――物神化――を不断に警戒し」（二六四・13）とあるが、自己目的化を警戒しなければならないのはなぜか。四十五字以内で説明しなさい。

7 「『プディングの味は食べてみなければわからない。』」（二六五・5）という言葉の意味に合致しないものを次から選びなさい。

ア　民主主義的思考は定義や結論よりもプロセスを重視する。
イ　国民の権利は国民の不断の努力によって保持すべきである。
ウ　自由な社会を祝福して自由であることを信じるべきである。
エ　債権は行使することによって債権であり得る。

〔　　〕

8 「二つの極を形成する考え方」（二六五・8）とはどのようなことをさしているか。本文中からそれぞれ七字以内で抜き出しなさい。

第二段落（p.264 ℓ.6〜p.266 ℓ.5）

9 次に示したものを「である」論理・価値と、「する」論理・価値のグループに分類しなさい。ただし、どちらにも入らないものが二つある。 ▼脚問3

ア　プディングの中にその属性としての味が内在していると考える

イ　プディングを食べるという現実の行為を通じて、美味かどうかがその都度検証されると考える

ウ　現実的な機能と効用を問う近代精神

エ　先天的に通用していた権威　　オ　制度やモラルの基準

カ　"to be or not to be"　　キ　"to do or not to do"

ク　非近代的　　ケ　過近代的　　コ　近代的

「である」〔　　〕

「する」〔　　〕

第三段落（p.266 ℓ.6〜p.268 ℓ.4）

10 「徳川時代のような社会」（二六六・6）の全体的な特徴はどのような点にあると述べられているか。本文中から二十五字以内で二つ抜き出しなさい。

11 「赤の他人の間のモラルというものは、ここではあまり発達しないし、発達する必要もない。」（二六七・11）とあるが、なぜ発達する必要がないのか。解答欄に合うように本文中から十三字で抜き出しなさい。

だから。

第四段落（p.268 ℓ.5〜p.271 ℓ.1）

12 「必ずしも人々が……結果ではありません。」（二六八・5〜6）とはどのようなことを言おうとしたものか。次から選びなさい。

ア　人間が意識的、自発的に推移を進めたものではないこと。

イ　何かをする目的で取り結ぶ関係がしだいに薄れてきたこと。

ウ　明治になって、海外の文物の移入による刺激が強まったこと。

エ　身分や階級の意識が人々をまだ拘束していたこと。〔　　〕

13 「近代社会を特徴づける社会学者のいわゆる機能集団」（二六八・10）とあるが、この集団の特徴を四十五字以内にまとめなさい。

14 「そういう領域による落差」（二六九・10）とあるが、どのような差なのか。二十五字以内で具体的に説明しなさい。

15 「経済の領域では、……変化が最も早く現れ」（二六九・13〜14）るのはなぜか。次から選びなさい。

ア　株主であることと経営することは一致してはならないものであり、一致すると企業にとって死活問題になるから。

イ　トップ・マネジメントが独立した仕事として株主のものになっていたから。

ウ　その企業をいつも注視する無能な金持ちということはあまり問題にならないから。

エ　資本家であるというだけで経営に対して無能な人がトップになると、

企業にとって死活問題になるから。 〔　　〕

第四段落（p.268 ℓ.5～p.271 ℓ.1）

16 「私たちの国の政治が……測ってみたらどうでしょうか。」（二七〇・11～12）との筆者の提案に対し、政治の世界はどうなっているのか。次から選びなさい。

ア 「する」ことの必要に応じて人間関係が結ばれ解かれている。
イ 有効な仕事をすることや社会に貢献することに腐心している。
ウ 特殊な人間関係自体を価値化して情実や派閥で動いている。
エ 支配的な地位や過去の功績に左右されずに行動している。

〔　　〕

第五段落（p.271 ℓ.2～p.272 ℓ.5）

17 新傾向 「政治団体は主として政治活動をするし、……経済団体は主として経済活動をする」（二七一・5～6）の「主として」に傍点を付すことにはどのような効果があるか。四十五字以内で説明しなさい。

18 「政治活動は……ことになります。」（二七一・14～15）という指摘の背景にある考えを本文中から四十四字で抜き出し、初めと終わりの五字を答えなさい。

～

第六段落（p.272 ℓ.6～p.274 ℓ.14）

19 「多少ともノイローゼ症状を呈している」（二七三・2）とあるが、どのような状態がその原因となったのか。次から選びなさい。

ア 同じ一人の人が場所柄に応じた行動をしなければならない状態。
イ 近代化が進むにつれて赤の他人との接触を強いられている状態。
ウ 閉鎖的な集団を形成する組織の中で動かなければならない状態。
エ うちでは「する」価値に、そとでは「である」原理に対応しなければならない状態。

〔　　〕

第六段落

20 「文化の一般的芸能化の傾向」（二七四・13）とはどのようなものか。解答欄に合うように本文中から二十七字で抜き出しなさい。

こと。

第七段落（p.274 ℓ.15～p.276 ℓ.5）

21 「しかるべき手段、……自覚を持つこと、これが問題なのだ」（二七五・1～3）についての説明として適当なものを次から選びなさい。

ア 近代の過剰な業績主義を脱して安定した「である」の精神を取り戻す重要性を指摘したもの。
イ 何かをするための教養ではなく、自分の存在について広く深く認識することの大切さを指摘したもの。
ウ 権利や自由を行使するには一定の教養が必要で、そのために自らを磨く重要性を指摘したもの。
エ かけがえのない個体性を温存するには自己存在へのしっかりした自覚と認識が必要だと指摘したもの。

〔　　〕

22 「休止とは必ずしも怠惰ではない。」（二七六・1）と言える理由を、本文中の語句を用いて二十五字以内で答えなさい。 ▼脚問10

第八段落（p.276 ℓ.6～終わり）

23 「倒錯を再転倒する」（二七六・10）にはどのようなことが必要か。四十五字以内で説明しなさい。

学習目標　明治の社会背景を捉え、筆者が国家や国民に向けて抱いた嘆きや批判を読み取る。

漫罵（北村透谷）

教科書p.280～p.285

検印

漢字

知識・技能

1 太字の仮名を漢字に直しなさい。

p.280 ℓ.2 ①熱気が**うす**（　　）らぐ。
p.280 ℓ.7 ②格調高い**しいか**（　　）。
p.280 ℓ.9 ③**かくめい**（　　）が起きる。
p.280 ℓ.9 ④時代の**せいしん**（　　）を奪う。
p.282 ℓ.4 ⑤真情を**はつろ**（　　）する。
p.282 ℓ.6 ⑥**そんだい**（　　）な態度。
p.282 ℓ.7 ⑦自分の国を**ほこ**（　　）る。
p.282 ℓ.9 ⑧**はなぞの**（　　）がある。
p.282 ℓ.10 ⑨気楽な生活が**たから**（　　）だ。
p.282 ℓ.10 ⑩**かつぼう**（　　）するものがない。
p.282 ℓ.12 ⑪思想家の**つみ**（　　）ではない。
p.282 ℓ.15 ⑫**かび**（　　）な舞台。
p.282 ℓ.16 ⑬**たんてい**（　　）小説を読む。
p.283 ℓ.7 ⑭他人に**あや**（　　）しまれる。
p.283 ℓ.8 ⑮**ゆうだい**（　　）な景色。
p.283 ℓ.12 ⑯**に**（　　）え切らない恋。
p.284 ℓ.2 ⑰**へいたい**（　　）の跫音がする。

2 太字の漢字の読みを記しなさい。

p.280 ℓ.2 ①橋上で友を**顧**（　　）みる。
p.280 ℓ.5 ②**更**（　　）に路上の人を見る。
p.280 ℓ.10 ③外部から**刺激**（　　）を受ける。
p.282 ℓ.1 ④本来の**道義**（　　）。
p.282 ℓ.3 ⑤聞くに**堪**（　　）えない話。
p.282 ℓ.7 ⑥民としての**栄誉**（　　）。
p.282 ℓ.7 ⑦大声**疾呼**（　　）する。
p.282 ℓ.12 ⑧創造的思想の**欠乏**（　　）。
p.282 ℓ.13 ⑨**高尚**（　　）なる思弁。
p.282 ℓ.16 ⑩奇異を**旨**（　　）とする。
p.283 ℓ.2 ⑪**平凡**（　　）な真理。
p.283 ℓ.7 ⑫**雑貨**（　　）を売る店。
p.283 ℓ.7 ⑬国民を**恨**（　　）む。
p.283 ℓ.10 ⑭口汚く**罵**（　　）る。
p.283 ℓ.13 ⑮**愚痴**（　　）を言う。
p.283 ℓ.14 ⑯**偽**（　　）りの姿。
p.284 ℓ.3 ⑰最上の**珍味**（　　）。

語句

知識・技能

1 次の太字の語句の意味を調べなさい。

p.280 ℓ.2 ①**詩興**が生じる。
（　　）
p.280 ℓ.7 ②われ**憮然**《ぶぜん》として歎じる。
（　　）
p.282 ℓ.9 ③日曜の午後の**晏逸**《あんいつ》をむさぼる。
（　　）
p.283 ℓ.11 ④**頓知**《とんち》のきいた答えに感心する。
（　　）

2 次の語句の対義語を書きなさい。

p.280 ℓ.4 ①局部 ↔（　　）
p.282 ℓ.9 ②物質 ↔（　　）
p.282 ℓ.1 ③薄弱 ↔（　　）

3 次の語句を使って短文を作りなさい。

p.280 ℓ.11 ①知らず識らず
（　　）
p.283 ℓ.1 ②大言壮語
（　　）

論理の把握

1 空欄に本文中の語句を入れて、内容を整理しなさい。　思考力・判断力・表現力

第一段落
（初め～ p.280 ℓ.8）

筆者…ある日の夕方、友人とともに橋の上から立ち並ぶ家々や街の人々を見ていた

その様子は家も人々の装いも和洋の文化がごちゃごちゃと混在するもの

【筆者の主張・見解】

「われ〔ア　　〕として歎ず、今の時代に〔イ　　〕なる詩歌なきは之を以つてにあらずや。」

第二段落
（p.280 ℓ.9～p.283 ℓ.4）

・明治期の日本社会に見られる〔ウ　　〕的革命は、内的な衝突を経た真の革命ではなく、西洋的な生活様式を表面的に取り入れただけの、西洋文化の日本への〔エ　　〕

・いまや日本はプライドや栄誉を忘れており、国民に共通の感情も理想も意志もない

・思想や芸術をもって知性や感性を磨くこともなく、物事を深く考えず気楽にだらだらと生きることが、彼ら国民にとって何より大事なこと

【筆者の主張・見解】

「今の時代に〔オ　　〕の欠乏せるは、思想家の罪にあらず、〔カ　　〕の罪なり。」

「彼等は〔キ　　〕を以つて懶眠の具となせり。彼等は詩歌を以つて〔ク　　〕の器となせり。」

⇩「彼等は詩歌なきの民なり。文字を求むれども、詩歌を求めざるなり。〔ケ　　〕を求むれども、詩人を求めざるなり。」

第三段落
（p.283 ℓ.5～終わり）

詩人、国民から通俗的な作品を書くことを求められたり、不本意な扱いを受けたりする

⇩感情を害してはならない。今の時代に生まれたことが〔コ　　〕

【筆者の主張・見解】

「汝は須らく十七文字を以つて甘んずべし。」「汝は須らく三十一文字を以つて甘んずべし。」

「ああ、汝、詩論をなすものよ。汝、詩歌に労するものよ。帰れ、帰りて汝が店頭に出でよ。」

⇩いまや高尚な文学など誰もまともに評価などしてくれないのだから、詩人の道は諦めるべきだ

要旨

1 空欄に本文中の語句を入れて、全体の要旨を整理しなさい。　思考力・判断力・表現力

今見られる〔ア　　〕的な革命は、西洋文化を表面的に取り入れただけで真の革命ではなく、〔イ　　〕にすぎない。また今の時代には〔ウ　　〕的思想が欠けているが、これは思想家の罪ではなく、〔エ　　〕の罪である。今や国民は通俗的な作品ばかり欲するため、詩人など求めておらず、〔オ　　〕を求めるばかりだ。詩人または詩人を志す者よ、あなたが今の時代に生まれたことは〔カ　　〕である。文学の道は諦めて、普通に生活せよ。

2 右を参考にして、要旨を百字以内にまとめなさい。

内容の理解

思考力・判断力・表現力

第一段落（初め～p.280 ℓ.8）

1 「建家を品す」（二八〇・3）とはどういう意味か。次から選びなさい。

ア　建っている家々をスケッチする。
イ　建設中の家の完成形を想像する。
ウ　建っている家々を批評する。
エ　将来建てたい家のイメージを語る。　〔　　〕

2 「ここに於いて」（二八〇・7）とは具体的にどういうことをさしているか。次から選びなさい。

ア　橋の上から眺める街が詩情を掻き立てるような興趣に満ちていることに感じ入って
イ　日が暮れてしばらく経つのにいつまでもむし暑さが続くことに我慢できなくなって
ウ　華やかな街の様子を眺めていても詩歌の創作意欲が湧いてこないことにいらだって
エ　街の中の家屋や人々の装いなどが中途半端に和洋混在しているさまを見るにつけて　〔　　〕

第二段落（p.280 ℓ.9～p.283 ℓ.4）

3 新傾向 「物質的の革命」（二八〇・9）に対する筆者の捉え方を次のように説明した。空欄にあてはまる語句を条件に合う形で答えなさい。

（条件）・「～ものではなく、～もの」という形で書くこと。
・四十五字以内でまとめること。

現在革命のように見えているものは、〔　　〕であるため、とても革命とは言えず、単なる移動にすぎない。

第二段落（p.280 ℓ.9～p.283 ℓ.4）

4 「国としての誇負、……民としての栄誉、いづくにかある。」（二八二・6～7）からうかがえる筆者の様子として適当なものを、次から選びなさい。

ア　「国家」として、「人種」として、「国民」としての誇りや栄誉がどこにあるのか探し求めている。
イ　「国家」として、「人種」として、「国民」としての誇りや栄誉がどこにあるのか気づかない人々にいらだっている。
ウ　「国家」として、「人種」として、「国民」としての誇りや栄誉が全くない風潮を批判的に捉えている。
エ　「国家」として、「人種」として、「国民」としての誇りや栄誉がどこにあるのか教えてほしいと人々にお願いしている。　〔　　〕

5 「之」（二八二・8）とは何をさすか。「～の声。」に続くように本文中から十字で抜き出しなさい。

　　　　　　の声。

6 「晏逸は彼等の宝なり、遊惰は彼らの糧なり。」（二八二・9）という言葉から伝わる筆者の思いとはどのようなものか。次から選びなさい。

ア　知性や精神による連帯を拒むだらしない国民性に対する皮肉。
イ　国民が安穏とした平和を望むのは当然であるという肯定。
ウ　革命による社会変革が正しく定着しないことへの焦り。
エ　思想家の言説を都合よく解釈して満足する国民への怒り。　〔　　〕

7 「彼等は詩歌なきの民なり。」（二八三・3）とあるが、「彼等」にとって「詩歌」とはどのようなものだと筆者は述べているか。本文中から四字で抜き出しなさい。

第二段落（p.280 ℓ.9〜p.283 ℓ.4）

8「作詩家を求むれども、詩人を求めざるなり。」（二八三・4）とあるが、「作詩家」と「詩人」の説明として適当なものを、次から一つずつ選びなさい。 ▼脚問3

ア　創造的思想が欠乏する原因を作った者
イ　大衆が求める娯楽性のある作品を作る者
ウ　西洋文化を日本に紹介する者
エ　自身の精神から生み出した思想に基づいて時代と格闘する者

作詩家〔　　〕　詩人〔　　〕

第三段落（p.283 ℓ.5〜終わり）

9「汝等は不幸にして今の時代に生まれたり。」（二八三・8）とあるが、「今の時代」に生まれたことがなぜ「不幸」なのか。その理由を次から選びなさい。

ア　日本の現状をつくった当事者である明治政府の為政者たち自身が、政治に無関心な国民にあきれ返っているから。
イ　詩人をはじめとする文学者、および言葉を生業《なりわい》とすることに志を持つ者たちが正当な評価や扱いを受けないから。
ウ　商業的成功を得やすい探偵小説や恋歌は、批判の対象になったり他の芸術に比べて一段低く見られたりするから。
エ　世間から必要とされなくなった知識人や思想家が、今では日本の現状を本気で憂えることさえしなくなったから。

〔　　〕

10「十七文字」（二八三・10）、「三十一文字」（二八三・11）とは、それぞれ何をさしているか。一語で答えなさい。 ▼脚問4

十七文字〔　　〕
三十一文字〔　　〕

第三段落（p.283 ℓ.5〜終わり）

11「雪月花を繰り返すを以って満足すべし。」（二八三・12）とあるが、筆者はどのような表現の象徴として「雪月花」をあげていると考えられるか。次から選びなさい。

ア　美しい風景を芸術性豊かに描写した表現。
イ　凝った技巧を用いない簡潔で明快な表現。
ウ　人によって無数の解釈の余地がある表現。
エ　大衆になじみやすい手垢《てあか》にまみれた表現。

〔　　〕

12「汝も亦自ら罵りて斯く言ふべし。」（二八三・15）とあるが、筆者は具体的に何と言わなくてはならないと述べているか。本文中から十七字で抜き出しなさい。（句読点は字数に含める）

〔　　　　　　　　　　　　　　　　　〕

13 新傾向「ああ、汝、詩論をなすものよ。……帰れ、帰りて汝が店頭に出でよ。」（二八四・3〜4）とはどういうことか、四人の生徒が話し合っている。適当な発言をしている生徒を一人選びなさい。

生徒A：本気で詩人として生きていくつもりならば、店先で作品を手売りすることから始めればよいということではないかな。
生徒B：いや、むしろ逆に、詩人は今の時代に恵まれないから、志や野心などは捨てて普通に働いて生きていくよう諭しているのだと感じたよ。
生徒C：私は、いい加減自分には詩論を展開したり詩歌を詠んだりする才能などないと自覚するべきだと叱責しているように読めたなあ。
生徒D：筆者は上品な人だから、詩は何の役にも立たないけれど、詩人としての誇りは捨てるなと励ましているんだと思ったよ。

生徒〔　　〕

学習目標　一般の開化と日本の開化の違いを整理し、日本の開化に関する筆者の考えを読み取る。

現代日本の開化（夏目漱石）

教科書p.287～p.305

検印

漢字

知識・技能

1 太字の仮名を漢字に直しなさい。

①（p.287 ℓ.10）勢力の**しょうもう**〔　　〕を防ぐ。
②（p.288 ℓ.7）**ぞうちょう**〔　　〕する心。
③（p.289 ℓ.7）労力を**つい**〔　　〕やす。
④（p.291 ℓ.7）問題解決に**ふしん**〔　　〕する。
⑤（p.291 ℓ.9）命に**べつじょう**〔　　〕はない。
⑥（p.294 ℓ.6）**ますい**〔　　〕をかける。
⑦（p.295 ℓ.4）使用方法を**ぐび**〔　　〕する。
⑧（p.296 ℓ.14）**む**〔　　〕し暑い。
⑨（p.296 ℓ.14）途中が**なんぎ**〔　　〕だった。
⑩（p.297 ℓ.11）心理学者の**かいぼう**〔　　〕。
⑪（p.300 ℓ.5）**きょぎ**〔　　〕でも軽薄でもある。
⑫（p.301 ℓ.3）大豆が**はっこう**〔　　〕する。
⑬（p.301 ℓ.13）**じみち**〔　　〕に発展する。
⑭（p.302 ℓ.10）体力が**おうせい**〔　　〕な人。
⑮（p.302 ℓ.12）知識を**しゅうかく**〔　　〕する。
⑯（p.303 ℓ.12）困ったと**たんそく**〔　　〕する。
⑰（p.304 ℓ.4）**おくめん**〔　　〕なくさらけ出す。

2 太字の漢字の読みを記しなさい。

①（p.288 ℓ.5）**横着**〔　　〕な心。
②（p.289 ℓ.14）**懐手**〔　　〕をする。
③（p.290 ℓ.4）生活が**甚**〔　　〕だ苦しい。
④（p.290 ℓ.6）**否**〔　　〕、ますます困難だ。
⑤（p.291 ℓ.11）自動車の**御者**〔　　〕。
⑥（p.292 ℓ.12）工夫を**凝**〔　　〕らす。
⑦（p.295 ℓ.12）針で**縫**〔　　〕う。
⑧（p.296 ℓ.6）**頓着**〔　　〕ない。
⑨（p.296 ℓ.8）**幾分**〔　　〕か勾配がある。
⑩（p.298 ℓ.14）**大抵**〔　　〕は大丈夫だ。
⑪（p.299 ℓ.10）世間体を**繕**〔　　〕う。
⑫（p.301 ℓ.3）自然と**醸**〔　　〕された礼式。
⑬（p.301 ℓ.7）**皮相**〔　　〕の開化。
⑭（p.302 ℓ.4）たやすく**首肯**〔　　〕する。
⑮（p.302 ℓ.11）**先駆**〔　　〕の困難。
⑯（p.303 ℓ.6）**野蛮**〔　　〕時代と変わりない。
⑰（p.303 ℓ.16）高慢な声を**随所**〔　　〕で聞く。

語句

知識・技能

1 次の太字の語句の意味を調べなさい。

①（p.289 ℓ.7）**千変万化**錯綜して混乱した開化となる。
〔　　〕
②（p.293 ℓ.16）**行雲流水**のごとく自然にはたらく。
〔　　〕
③（p.297 ℓ.2）**行住**《ぎょうじゅう》**坐**《ざ》**臥**《が》覚えている。
〔　　〕
④（p.297 ℓ.15）長短も高低も**千差万別**である。
〔　　〕

2 次の空欄にあとから適語を選んで入れなさい。

①（p.289 ℓ.2）義務的行動を〔　　〕なくされる。
②（p.291 ℓ.14）〔　　〕発明した以上は使うべきだ。
③（p.292 ℓ.16）今日の生活は〔　　〕切なものだ。
④（p.299 ℓ.3）〔　　〕天狗にさらわれた男のようだ。
（いやしくも　存外　余儀　あたかも）

3 次の語句を使って短文を作りなさい。

①（p.287 ℓ.11）反りが合わない
〔　　〕
②（p.302 ℓ.7）新奇を衒う
〔　　〕

論理の把握

1 空欄に本文中の語句を入れて、内容を整理しなさい。 思考力・判断力・表現力 ▼学習一

第一段落（初め～p.289 ℓ.8）	第二段落（p.289 ℓ.9～p.293 ℓ.5）	第三段落（p.293 ℓ.6～p.295 ℓ.14）	第四段落（p.295 ℓ.15～p.298 ℓ.13）	第五段落（p.298 ℓ.14～p.301 ℓ.12）	第六段落（p.301 ℓ.13～終わり）
序　論		本　論			結　論
開化＝人間活力の発現の経路 ・〔　ア　〕な活動＝勢力を消耗…娯楽 ・消極的な活動＝勢力を節約…発明・器械力 ⇩ 〔　イ　〕錯綜して混乱した開化	一種妙な〔　ウ　〕と言える現象 ・開化が進み昔より楽になるはず⇔生活は苦しく、生きるか生きるかという競争 ・労力を〔　エ　〕する器機、活力を自由に使える娯楽⇩生存の苦痛が増している	・西洋の開化（一般の開化）は〔　オ　〕 ・現代日本開化は外発的…西洋文化の圧力でやむを得ず〔　カ　〕を余儀なくされ、開化の階段を順々にたどる余裕がない	人間活力の〔　キ　〕たる開化が動くラインは波動を描き、弧線をつなぎ合わせて進んでいく⇩開化の推移はどうしても〔　ク　〕でなければ嘘だ	現代の日本の開化…内発的に進んでいない。〔　ケ　〕が開化を支配 国民…外発的な開化の影響で、空虚の感、不満と不安の念を抱く⇩悲惨な国民 現代の日本の開化＝皮相、〔　コ　〕の開化	西洋で百年かかって発展した開化を、日本人が十年で誰もが内発的と認めるような推移をやろうとすれば〔　サ　〕に陥る（例…学者） 開化が機械的に変化を余儀なくされてそうなるとすれば、〔　シ　〕の窮状 ⇩神経衰弱にかからない程度に内発的に変化するのがよかろう

要旨

1 空欄に本文中の語句を入れて、全体の要旨を整理しなさい。 思考力・判断力・表現力

現代日本の開化は、〔　ア　〕なものと消極的なものという、根本的に異なる二種類の〔　イ　〕の発現に基づく。開化が進むほど競争が激化するが、これは開化が生んだ〔　ウ　〕である。日本の開化は西洋のような〔　エ　〕なものではなく外発的なものであるから、〔　オ　〕、不満と不安の念を抱かなければならない。できるだけ〔　カ　〕にかからない程度において、内発的に変化してゆくと言うよりほかにしかたがない。

2 右を参考にして、要旨を百字以内にまとめなさい。

内容の理解

思考力・判断力・表現力

第一段落（初め～p.289 ℓ.8）

1 「開化は人間活力の発現の経路である」（二八七・1）について、次の問いに答えなさい。

(1) 「活力」と同じ意味で使われている漢字二字の語を本文中から抜き出しなさい。

(2) この箇所を言い換えた部分を本文中から三十五字で抜き出し、初めと終わりの五字を答えなさい。

～

2 「人間の活力」の「二種類の活動」（二八七・5）とは「積極的なもの」（A）、「消極的なもの」（B）だが、その特徴的な違いを本文中の語句を用いて四十字以内で説明せよ。なお、A・Bの記号を用いて解答すること。 ▼脚問1

3 「何か月並みのような講釈」（二八七・7）とはどういうことか。十五字以内で説明しなさい。

4 「毎日やる散歩という贅沢」（二八八・8）とあるが、散歩が贅沢というのはなぜか。次から選びなさい。

ア 散歩は各自の身体を使って歩くだけで経済的負担が全くないから。
イ 散歩は面倒を避ける横着心を超越し、他者との交流を深めるから。
ウ 好んで疲労を求める散歩は積極的な命を高める方法だから。
エ 散歩は肉体的にも精神的にも人の心を開放するものだから。

第一段落（初め～p.289 ℓ.8）

5 「すべて義務的の労力が最少低額に切り詰められた」（二八八・11）とは何のことか。次から選びなさい。 〔　〕

ア 勢力節約が使命なので最少の労働対価になってしまうこと。
イ 積極的活動および消極的活動を推し進めて限界まで達すること。
ウ 身体を使って疲労を求めるあまり心のゆとりが失われること。
エ 活力の消耗を防ごうと最大限のところまで活動したこと。〔　〕

6 「二六時中休みっこなく働いて、休みっこなく発展しています」（二八九・1）とほぼ同じ意味の部分を、本文中から三十字以内で抜き出しなさい。

7 「これが経となり緯となり、……混乱した開化という不可思議な現象ができる」（二八九・7～8）とはどのような状態を述べたものか。次から選びなさい。

ア 積極的、消極的の二種類の活動が勢力拡大競争をしたために、人々がどう受け止めていいか困惑している状態。
イ 積極的、消極的の二種類の活動がさまざまに変化し、複雑に入り組み、整然とせずに国内に広まっている状態。
ウ 機械文明と娯楽・道楽とがいたずらに増長し発展したために、政府がコントロールできなくなっている状態。
エ 機械文明と娯楽・道楽が統一整備できないままともに盛んになっていき、近代化が進んでいく状態。〔　〕

第二段落

8 「そういうものを開化とすると、……誰しも認めなければならない現象が起こります。」（二八九・9～11）について、次の問いに答えなさい。

(1) これはどのような現象か。本文中の語句を用いて三十五字以上四十五字以内で答えなさい。

第二段落（p.289 ℓ.9〜p.293 ℓ.5）

(2) このような現象が起こるのはなぜか。次から選びなさい。

ア　海外との競争が激しくなったために生きる不安が増してきたから。
イ　昔の人間と現在の人間との幸福感に大きなずれが生じたから。
ウ　生活の程度は高くなったものの生存の苦痛は低下していないから。
エ　生活が豊かに、便利になったのはごく一部の人たちだけだから。

〔　　〕

9 「今日は、死ぬか生きるか……競争になってしまったのであります。」（二九一・4〜5）とはどのようなことを述べたものか。次から選びなさい。▼脚問4

ア　生活の困難さよりも生活のしかたに関心がいくようになったこと。
イ　経済的な問題はなくなったが、身分制度は解消されていないこと。
ウ　生死の問題が解決するにつれ、生への願望が激しくなったこと。
エ　窮乏生活を克服し心の豊かさを求めるようになったこと。

〔　　〕

10 「少しでも労力を節減し得て……動揺してやめられない」（二九一・15〜二九二・2）とあるが、どのようなことについて述べたものか。本文中の具体例に触れて四十五字以内で答えなさい。

11 「自然の大勢」（二九二・8）の意味として適当なものを次から選びなさい。

ア　宇宙自然における大きな流れ。
イ　人間の生死についての意識。
ウ　それぞれの時代の勢力の推移。
エ　人間の活動に基づく生活の変化。

〔　　〕

第二段落（p.289 ℓ.9〜p.293 ℓ.5）

12 「これほど労力を節減できる……よいかもしれません。」（二九三・1〜4）における筆者の考えはどのようなものか。次から選びなさい。

ア　労力を節減することで得られる物理的効果を否定する考え。
イ　二種の活動の成果をありがたく思えない開化を疑問視する考え。
ウ　生活の苦しさを軽減せず、娯楽を広めることを批判する考え。
エ　積極的活動、消極的活動の成果を認めないことを排除する考え。

〔　　〕

13 「現代の日本の開化は……どこが違うか」（二九三・10）とあるが、その違いがわかるように両者の要点を四十字以内にまとめなさい。▼学習二

第三段落（p.293 ℓ.6〜p.295 ℓ.14）

14 「御維新後、外国と交渉をつけた以後の日本の開化は大分勝手が違います。」（二九三・16）とあるが、維新後の日本はどうなったと述べているか。七十八字の部分を抜き出し、初めと終わりの五字を答えなさい。

〔　　〕〜〔　　〕

15 「西洋文化の刺激に跳ね上がったくらい強烈な影響」（二九四・7）とあるが、筆者は西洋文化の力をどのように理解しているか。それを記した八十一字の部分を抜き出し、初めと終わりの五字を答えなさい。

〔　　〕〜〔　　〕

第三段落（p.293 ℓ.6～p.295 ℓ.14）

16「今の日本の開化は、……ほかの九尺は通らないのと一般である。」（二九五・9～13）とあるが、このように述べるのはなぜか。次から選びなさい。

ア　非常に進んだ西洋の開化が日本に向けて急激に打ってかかってきたから。

イ　圧倒的な西洋の開化にはおおざっぱなやり方で対応するしかないと考えるから。

ウ　内発的な開化の前に西洋文化の全体像を理解しておく必要があると考えたから。

エ　まだ十分な力を蓄えていない日本が西洋文化を吸収していけるのか不安に感じているから。

〔　　〕

第四段落（p.295 ℓ.15～p.298 ℓ.13）

17「すべて、一分間の意識にせよ、……示さなければならなくなる。」（二九六・5～9）について述べたものとして、適当なものを次から選びなさい。

ア　意識が弓形曲線を描いて動くことを述べて、内発的な開化であれば同じような形で展開することを伝えようとしたもの。

イ　意識にある必ず動く明暗の点を指摘することで、日本の開化にも良い点と悪い点が潜むことを教えようとしたもの。

ウ　意識が時間の経過に頓着なく動くことを示して、自分の講演が聴衆の心に届かない恐れを訴えようとしたもの。

エ　外発的な開化は人々の意識に同じようには受け入れられないという心配を共有することを訴えようとしたもの。

〔　　〕

18「開化の推移はどうしても内発的でなければ嘘だ」（二九七・16）と述べるのはなぜか。本文中の語句を用いて四十字以内で答えなさい。

第五段落（p.298 ℓ.14～p.301 ℓ.12）

19「あたかも天狗にさらわれた……飛びついてゆく」（二九九・3～4）とはどのような状態をたとえたものか。次から選びなさい。

ア　突然押し寄せてきた西洋の開化に必死についていこうとする状態。▼脚問10

イ　日本の開化を内発的に推し進めるために一生懸命に働く状態。

ウ　実情を無視して開化を国民それぞれが勝手に行っていく状態。

エ　活力節約・消耗の二つの方面を一気に成し遂げようとする状態。

〔　　〕

20「食膳に向かって……同じことであります。」（二九九・15～三〇〇・1）について、次の問いに答えなさい。

(1)どのような状況をさしてこう述べたのか。四十五字以内で答えなさい。

(2)これをきっかけにして筆者が導いた結論を二十一字で抜き出せ。

第六段落（p.301 ℓ.13～終わり）

21「子供が背に……お答えをする。」（三〇一・13～15）とあるが、どのように答えるのか。三十七字で抜き出し、初めと終わりの五字を答えなさい。

～

22「ゆゆしき結果に陥る」（三〇二・2）とはどういうことか。本文中の語句を用いて十五字以内で答えなさい。

学習目標　ローカル鉄道で筆者が行った改革の内容を捉え、それを通して筆者が伝えたい考えを読み取る。

ローカル鉄道の改革と地域振興（鳥塚亮）

教科書p.308～p.313

検印

漢字

1 太字の仮名を漢字に直しなさい。

p.308 ℓ.5 ①マイカーが**ふきゅう**〔　　〕する。
p.308 ℓ.7 ②少子**こうれい**〔　　〕化が進む。
p.308 ℓ.10 ③バスに転換する**ほうしん**〔　　〕。
p.309 ℓ.10 ④田舎の**すいたい**〔　　〕を止める。
p.309 ℓ.15 ⑤鉄道需要の**そうぞう**〔　　〕。
p.310 ℓ.4 ⑥存続運動を**てんかい**〔　　〕する。
p.310 ℓ.5 ⑦経営を**かいぜん**〔　　〕する。
p.310 ℓ.16 ⑧**ぜいきん**〔　　〕を使う。
p.311 ℓ.1 ⑨地域**けいざい**〔　　〕の活性化。
p.311 ℓ.10 ⑩**だま**〔　　〕っていても客が来る。
p.311 ℓ.10 ⑪名所**きゅうせき**〔　　〕がない。
p.311 ℓ.13 ⑫相手とする客の**そう**〔　　〕。
p.311 ℓ.15 ⑬自然と**ふ**〔　　〕れ合う。
p.311 ℓ.16 ⑭女性客が**さっとう**〔　　〕する。
p.312 ℓ.3 ⑮鉄道の**えんせん**〔　　〕風景。
p.312 ℓ.9 ⑯**ざっし**〔　　〕で取り上げる。
p.312 ℓ.13 ⑰**ぎょこう**〔　　〕の朝市。

2 太字の漢字の読みを記しなさい。　知識・技能

p.308 ℓ.5 ①**田舎**〔　　〕へ行く。
p.308 ℓ.6 ②車の**免許**〔　　〕を持つ。
p.308 ℓ.12 ③鉄道**輸送**〔　　〕の特性。
p.309 ℓ.1 ④鉄道の**軌道**〔　　〕の管理。
p.309 ℓ.15 ⑤**需要**〔　　〕を増やす。
p.310 ℓ.1 ⑥**即効**〔　　〕性がない。
p.310 ℓ.11 ⑦社長を**公募**〔　　〕する。
p.310 ℓ.14 ⑧鉄道の存続を**図**〔　　〕る。
p.310 ℓ.14 ⑨地域の**重鎮**〔　　〕たち。
p.311 ℓ.2 ⑩町が**廃**〔　　〕れていく。
p.311 ℓ.6 ⑪お**財布**〔　　〕に札を入れる。
p.311 ℓ.9 ⑫**見所**〔　　〕のない町。
p.311 ℓ.14 ⑬女性に的を**絞**〔　　〕る。
p.312 ℓ.2 ⑭東京からの**距離**〔　　〕。
p.313 ℓ.1 ⑮カンブリア**宮殿**〔　　〕。
p.313 ℓ.9 ⑯地域が**疲弊**〔　　〕する。
p.313 ℓ.13 ⑰**広告塔**〔　　〕となる。

語句　知識・技能

1 次の太字の語句の意味を調べなさい。

p.308 ℓ.2 ①鉄道の存在そのものが危機に**瀕《ひん》して**いる。

〔　　　　〕

p.311 ℓ.4 ②**毅然《きぜん》**として答える。

〔　　　　〕

2 次の空欄にあとから適語を選んで入れなさい。

p.309 ℓ.13 ①利用者の減少に〔　　〕がかからない状況だ。
p.310 ℓ.8 ②売り上げが〔　　〕の現状を打破するため、地域需要を生み出す。
p.313 ℓ.4 ③お客が激増し、売り上げが〔　　〕になった。

（うなぎ登り　右肩下がり　歯止め）

3 次の語句を使って短文を作りなさい。

p.308 ℓ.5 ①過言ではない

〔　　　　〕

p.313 ℓ.8 ②紛れもない

〔　　　　〕

論理の把握

1 空欄に本文中の語句を入れて、内容を整理しなさい。 思考力・判断力・表現力

第一段落（初め〜p.309 ℓ.12）

・ローカル鉄道…車社会化や〔ア　　〕→利用者の減少→存続の危機
　国は補助金を出さない→多くのローカル鉄道が廃止された
・存続の危機にあるのはローカル鉄道だけでなく、田舎の町そのものかもしれない

⇦

第二段落（p.309 ℓ.13〜p.313 ℓ.7）

①（p.309 ℓ.13〜p.310 ℓ.6）

ローカル鉄道の「需要の創造」が求められる

・〔イ　　〕の利用者を増やす努力…現実性がなく即効性がない
・「乗って残そう」がスローガンの存続運動…経営改善に結びつく需要は作り出せない

⇦

②（p.310 ℓ.7〜p.311 ℓ.8）

では、どうやって新しい需要を創造するか

・新しい需要の創造…〔ウ　　〕から〔エ　　〕にきてもらう
・社長として「観光鉄道化により鉄道の〔オ　　〕を図る」と表明
　→地域の重鎮たちの反発→観光は立派な〔カ　　〕だと主張

⇦

③（p.311 ℓ.9〜p.313 ℓ.7）

いすみ鉄道の例

では、どうやって観光客を呼び込むか →まずは〔キ　　〕を設定

・〈ターゲット＝三十代以上の可処分所得の多い女性〉…ムーミン列車の運行
・〈ターゲット＝〔ク　　〕の男性客〉…「キハ」の運行
　→風景という「素材」を提供→人それぞれが楽しめて、無理のない戦略
・いすみ市商工会…朝市／いすみ鉄道…地元の特産品を生かしたレストラン列車
・ローカル鉄道を目的とする観光から、〔ケ　　〕を目的とする観光へ

⇦

第三段落（p.313 ℓ.8〜終わり）

ローカル鉄道…都会人が注目する観光コンテンツ＝地域にとっての〔コ　　〕
⇩ローカル鉄道がある＝地元地域にとって大きな可能性があるということ

要旨

1 空欄に本文中の語句を入れて、全体の要旨を整理しなさい。 思考力・判断力・表現力

利用者の減少に伴うローカル鉄道の存続の危機は〔ア　　〕の町そのものの存続の危機でもある。ローカル鉄道の存続には「〔イ　　〕の創造」が求められる。私はいすみ鉄道を〔ウ　　〕化し、田舎の町に都会の観光客を呼び込んで鉄道の存続を図った。観光客は増え、観光客相手の〔エ　　〕も展開し、ローカル鉄道を目的とする観光から地域歩きの観光へと発展した。〔オ　　〕に向けた地域の広告塔ともなるローカル鉄道には大きな〔カ　　〕がある。

2 右を参考にして、要旨を百字以内にまとめなさい。

内容の理解

思考力・判断力・表現力

第一段落（初め～p.309 ℓ.12）

1 「その存在そのものが危機に瀕しています」（三〇八・2）とあるが、ローカル鉄道の利用者の減少の社会的背景とされるものを、本文中から二つ抜き出しなさい。

［　　　　］
［　　　　］

2 「田舎の町の交通機関が鉄道である必要がない」（三〇八・11）とあるが、国はなぜそう考えているのか。「大量性」「田舎」という語句を使って四十字以内で書きなさい。

3 「もしかしたら存続の危機にあるのは、ローカル鉄道と同様に田舎の町そのものではないのか」（三〇九・6）とあるが、このような問題に対して、筆者はどう考えているか。次から選びなさい。

ア　お金の無駄を極力削り、行政やインフラの効率的な運営を図っていくことで、財政の黒字化を目ざしていくべきである。
イ　お金がない中でも既存のものを上手に利用することによって、地方の衰退を食い止めるように知恵をしぼっていくことが大事である。
ウ　地域の魅力となるような事業に、リスクをとってでも積極的に投資を行い、地方の田舎町全体を活性化していく道を探るべきである。
エ　経済優先の議論にとらわれず、地域に根ざした文化や暮らしをいかに守っていくのかを、皆で考えていくことが必要である。

［　　］

第二段落（p.309 ℓ.13～p.313 ℓ.7）

4 「地域の利用者を増やす努力をするというのは、現実性がなく即効性がない」（三一〇・1）とあるが、それはなぜか。次から選びなさい。

ア　地域の利用者を増やしてもそれは一時的なものであり、ローカル鉄道を存続できるほどの収益は得られないから。
イ　地域の利用客を増やすには、人口増加といった社会の構造などから変えていく必要があるが、それは難しいから。
ウ　地域の利用客を増やすための「乗って残そう」という存続運動は、短期間ではなかなか浸透しないから。
エ　地域の利用客を増やすのは容易なことだが、コストがかかりすぎて採算が取れないから。

［　　］

5 「どうやったら新しい需要を創造することができるのか」（三一〇・7）とあるが、筆者はいすみ鉄道存続のための新しい需要として、どのようなことを考えたのか。本文中の語句を用いて三十五字以内で書きなさい。

6 「これでは田舎の町が廃れていくのも、ある意味当然です」（三一一・2）とあるが、筆者はなぜそのように思うのか。解答欄に合うように本文中の語句を用いて三十字以内で答えなさい。

わずか十数年前まで、
［　　　　］
ということが地方の人々に十分に理解されていなかったから。

第二段落（p.309 ℓ.13〜p.313 ℓ.7）

7 新傾向 **「ムーミン列車」（三一一・14）、「『キハ』の運行」（三一三・2）とあるが、この二つについての企画を生徒がまとめたノートの空欄にあてはまる語句を、解答欄に合うように本文中から抜き出しなさい。**

	ムーミン列車	「キハ」の運行
ターゲット	三十代以上の〔 ① 〕女性	〔 ② 〕の男性客
沿線風景の見え方	いすみ鉄道の沿線風景＝人それぞれが〔 ③ 〕ができる ← ムーミン谷	← 〔 ④ 〕

① ② ③ ④

8 **「地域の皆さんの出番」（三一二・10）とは、具体的にどのようなことをさしているか。次の文章の空欄にあてはまる語句を本文中からそれぞれ二字で抜き出して答えなさい。**

地元の商工会が、いすみ鉄道の〔 ① 〕に乗る形で、〔 ② 〕を開くようになったこと。

① ②

9 **「ローカル鉄道を目的とする観光から、地域歩きを目的とする観光へと変わっていった」（三一三・6）とあるが、これはどのようなことをいっているのか。適切なものを次から選びなさい。** 脚問1

ア　ローカル鉄道しか産業のなかった地域に、観光業やサービス業などの新たな産業が勃興して、地域全体が活況を帯びるようになっていったということ。

イ　ローカル鉄道に乗ることを目的として訪れていた観光客が減り、地域の町を散策することを目的とした観光客が増加して、訪れる客層が変わっていったということ。

ウ　ローカル鉄道に乗るために訪れた観光客が、沿線の町も訪れるようになり、地元の食や特産物などに対する新たな観光需要が生み出されたということ。

エ　ローカル鉄道を目玉とした観光事業が注目を集めたことをきっかけに、巨大な観光地として地域全体の再開発が進められるようになったということ。

〔　　〕

10 **「歴史が証明しています」（三一三・9）とあるが、「歴史」はどのようなことを「証明」しているというのか。「利用者」「交通機関」という語句を用いて四十五字以内で書きなさい。**

第三段落（p.313 ℓ.8〜終わり）

11 **「ローカル鉄道は地域にとっての広告塔」（三一三・13）とは、どういうことか。次から選びなさい。**

ア　ローカル鉄道が何らかの情報発信をすることによって、マスコミに注目され、ローカル鉄道そのものの知名度が上がること。

イ　ローカル鉄道の発した情報が、マスコミに取り上げられることで、地域の魅力についても世間に広め、人々の関心を引きつけること。

ウ　ローカル鉄道が発した情報を、マスコミを通じて都会の人々が受け取ることによって、ローカル鉄道の乗客が増えていくこと。

エ　ローカル鉄道の運営会社が中心になって、地域の特産品や観光スポットの宣伝を、テレビや雑誌などを通じて行うこと。

〔　　〕

学習目標　農業の重装備化という観点から捉えた現代社会の課題と解決策について筆者の主張を読み取る。

重装備農業からの脱却（藤原辰史）

教科書p.314〜p.322

検印

漢字　知識・技能

1 太字の仮名を漢字に直しなさい。

①論文が**けいさい**〔　　〕される。（p.314 ℓ.3）
②**ぼうせき**〔　　〕工場の動力。（p.315 ℓ.6）
③生産性が**じょうしょう**〔　　〕する。（p.315 ℓ.7）
④会の冒頭に**あいさつ**〔　　〕をする。（p.315 ℓ.14）
⑤市場で**こうにゅう**〔　　〕する。（p.317 ℓ.4）
⑥一部の土地を**のぞ**〔　　〕く。（p.317 ℓ.8）
⑦機械で**かんそう**〔　　〕させる。（p.317 ℓ.12）
⑧**ぼうだい**〔　　〕なエネルギー。（p.317 ℓ.17）
⑨資源を**はいしゃく**〔　　〕する。（p.318 ℓ.7）
⑩中世の**きし**〔　　〕のような重装備。（p.318 ℓ.15）
⑪農業用水の**いじ**〔　　〕費。（p.319 ℓ.2）
⑫**こくそう**〔　　〕地帯の天候。（p.319 ℓ.17）
⑬新しい**ほうりつ**〔　　〕を作る。（p.320 ℓ.8）
⑭職業**せんたく**〔　　〕の自由。（p.320 ℓ.9）
⑮農業を**ゆうぐう**〔　　〕する。（p.321 ℓ.6）
⑯思考が**こうちょく**〔　　〕化する。（p.321 ℓ.16）
⑰鎧《よろい》を**ぬ**〔　　〕ぎ捨てる。（p.321 ℓ.17）

2 太字の漢字の読みを記しなさい。

①原因を**探**〔　　〕る。（p.314 ℓ.4）
②**臼**〔　　〕を固定する。（p.314 ℓ.14）
③**納屋**〔　　〕の機械を動かす。（p.315 ℓ.2）
④**滑車**〔　　〕のワイヤー。（p.315 ℓ.17）
⑤**大仰**〔　　〕に言う。（p.316 ℓ.6）
⑥水を**沸騰**〔　　〕させる。（p.316 ℓ.9）
⑦**堆肥**〔　　〕を運ぶ。（p.317 ℓ.2）
⑧**天日干**〔　　〕しにする。（p.317 ℓ.12）
⑨農業に適した**土壌**〔　　〕。（p.318 ℓ.5）
⑩石油を**掘削**〔　　〕する。（p.318 ℓ.9）
⑪土壌が**汚染**〔　　〕される。（p.319 ℓ.17）
⑫趣味に時間を**割**〔　　〕く。（p.320 ℓ.5）
⑬**妄想**〔　　〕にふける。（p.320 ℓ.7）
⑭ロマン主義に**浸**〔　　〕る。（p.320 ℓ.7）
⑮世界の**喫緊**〔　　〕の課題。（p.321 ℓ.4）
⑯**名誉**〔　　〕ある地位を占める。（p.321 ℓ.4）
⑰人間の**臆病**〔　　〕さ。（p.321 ℓ.16）

語句　知識・技能

1 次の太字の語句の意味を調べなさい。

①脱穀機の**轟音**《ごうおん》の中、麦わらが舞う。（p.315 ℓ.13）
〔　　　　〕
②気候変動問題は**喫緊**の課題である。（p.321 ℓ.4）
〔　　　　〕

2 次の空欄にあとから適語を選んで入れなさい。

①日本は「農業」の重装備に〔　　〕がない。（p.314 ℓ.1）
②この商店街はいつも〔　　〕を呈している。（p.316 ℓ.16）
③国際社会で名誉ある地位を占めることを望むほうが、〔　　〕にかなっている。（p.321 ℓ.5）
（　理　活況　余念　目　お眼鏡　）

3 次の語句を使って短文を作りなさい。

①古今東西（p.315 ℓ.9）
〔　　　　〕
②ひと際（p.316 ℓ.17）
〔　　　　〕
③粛々と（p.320 ℓ.14）
〔　　　　〕

論理の把握

1 空欄に本文中の語句を入れて、内容を整理しなさい。 思考力・判断力・表現力

第一段落（初め～ p.314 ℓ.10）

【話題の提示】 日本の「農業」の重装備化は日本の〔ア　　〕を大きく変えている

⇦〈例〉農薬の影響による宍道湖のワカサギやウナギの激減

農業の重装備化を歴史的に振り返り、軽装備化の不可能性と可能性を考える

第二段落（p.314 ℓ.11～p.316 ℓ.7）蒸気機関と農業――石炭

畜力…〔イ　　〕の筋肉から生まれる＝植物（太陽・土・水）が必要

⇦ 蒸気機関…燃料は〔ウ　　〕＝植物の光合成の力を借りたエネルギー

飛躍的な〔エ　　〕の上昇・脱穀作業の機械化

第三段落（p.316 ℓ.8～p.318 ℓ.3）内燃機関と農業――石油

⇦ 内燃機関…燃料は石油＝生き物の死骸が分解されたもの

農業は石油なしには営めなくなった

〈例〉農業機械の燃料・暖房の燃料・ビニールの原料・科学肥料や農薬の原料

〔オ　　〕型農業は、二十世紀農業の別名といえる

第四段落（p.318 ℓ.4～p.320 ℓ.5）ポスト石油時代の農業

重装備農業＝化石燃料に依存

→膨大な量の農作物を膨大な人間に供給したが、〔カ　　〕的な罪は重い

【問題提起】 そもそも農業は重装備でなければならないのか

- 一人の人間を一年間食べさせるのに必要な面積はそんなに大きくない
- 石油の使用によって〔キ　　〕と海水面上昇に影響が出ている

【主張】 最も合理的かつ安全なこと＝みんなが自分の〔ク　　〕分だけ耕すこと

第五段落（p.320 ℓ.6～終わり）軽装備の思想

こうした世界には惹かれるものがあるが、目ざすことは難しい→次善策を考える

日本…〔ケ　　〕の最大の被害国・化石燃料をほとんど得られない

⇩

- 〔コ　　〕軽装備農業を新産業として整備
- パートタイム農業を優遇する法整備

【主張】「太陽光」「太陽熱」を最大限利用した農業を進める＝資源の少ない国の選ぶ道

要旨

1 空欄に本文中の語句を入れて、全体の要旨を整理しなさい。 思考力・判断力・表現力

石油を燃料とする内燃機関が生み出されて以降、農業は石油依存型になり、〔ア　　〕によって化石燃料に強く依存する産業になった。だが、石油の使用による地球温暖化と〔イ　　〕の影響も叫ばれる中、「食う」ために最も〔ウ　　〕的で安全なことは、みんなが自分の食べる分だけ耕すことである。異常気象の最大の〔エ　　〕であり、資源の少ない国である日本は、小規模軽装備型農業を新産業として整備し、〔オ　　〕農業へと転換するべきである。

2 右を参考にして、要旨を百字以内にまとめなさい。

内容の理解

思考力・判断力・表現力

第一段落（初め〜p.314 ℓ.10）

1 **「島根県の宍道湖でワカサギやウナギが激減している原因」**（三一四・3）**として考えられることはどのようなことか。本文中の語句を用いて三十五字以内で答えなさい。**

第二段落（p.314 ℓ.11〜p.316 ℓ.7）

2 新傾向 **「欧米で、そんな畜力をエネルギーの王位の座から引きずり落としたのが、重装備社会の初期代表選手であった蒸気機関である」**（三一五・5）**とあるが、これについて四人の生徒が発言している。本文の内容に合致した発言をしている生徒をすべて選びなさい。**

生徒A：「蒸気機関」の登場によって、輸送や工業などの分野で生産性が飛躍的に上昇したんだね。

生徒B：「蒸気機関」の登場によって、農業における「畜力」は完全に役目を終えてしまったと言えるんじゃないかな。

生徒C：「蒸気機関」の燃料となる石炭は、農業の分野においても不可欠なものとなっていったんだね。

生徒D：十九世紀のヨーロッパでは、すでに農地を耕すための大がかりな蒸気機関がどの農家にも広く普及していたようだね。

生徒〔　　〕

3 **「エネルギー革命と大仰に言われる割には、相変わらず人類は植物の光合成の力を借りたエネルギーを使っていた」**（三一六・6）**とはどういうことか。次の空欄にあてはまる語句をそれぞれ十字以内で答えなさい。**

畜力は家畜が〔　①　〕ことで蓄えられたエネルギーによる動力だが、蒸気機関を動かす石炭も、〔　②　〕が石化したものであり、植物の光合成の力を借りたエネルギーであることには変わりないということ。

①

②

第二段落

第三段落（p.316 ℓ.8〜p.318 ℓ.3）

4 **「それを克服すべく生み出されたのが内燃機関だ」**（三一六・11）**とあるが、「内燃機関」の特徴として適当でないものを選びなさい。**

ア　「蒸気機関」が石炭を燃料とするのに対して、「内燃機関」は石油を燃料として動く。

イ　「内燃機関」は「蒸気機関」より取り扱いがしやすく、安全性やコストの面でも優れ、パワーもある。

ウ　「内燃機関」を積んだ農具は、「蒸気機関」と同様に主に脱穀機として利用された。

エ　「内燃機関」を使った農業では、「畜力」を使った農業と違って肥料を自給できない。　〔　　〕

5 **「私たちはもっと自覚的にならなくてはならない」**（三一七・9）**とあるが、それはなぜか。次から選びなさい。**　脚問1

ア　狭い土地にトラクターを大量に導入することで、日本の農業の効率化が遅れてしまったと考えられるから。

イ　狭い土地にトラクターを大量に導入したことは、農業の石油依存が必要以上に進んでいったことを意味するから。

ウ　狭い土地にトラクターを大量に導入したことで、農作物の肥料の供給不足に追い込まれることになったから。

エ　狭い土地にトラクターを大量に導入したことが、農地の荒廃が進む要因となったと考えられるから。　〔　　〕

第四段落

6 **「そもそも農業は、ガシャガシャ音を立てる中世の騎士のように重装備でなければならないのか」**（三一八・15）**とあるが、農業の重装備化がもた**

第四段落（p.318 ℓ.4〜p.320 ℓ.5）

らした事態として**適当でないもの**を選びなさい。

ア　膨大な量の農作物を膨大な人間に供給できるようにした。
イ　未来に残すべき限りある化石燃料を大量に使うことになった。
ウ　メーカーが高価な重機を買わせるため農民の借金が増えた。
エ　食糧危機のときに役立たないお金稼ぎから農民を解放した。

〔　　〕

7　「一人の大人の一年に必要なコメを生産するためには、一辺約一六メートルの正方形があればよい」（三一九・10）とあるが、筆者はこう述べることでどういうことを主張していると考えられるか。次から選びなさい。

ア　農業の原点はいかに低コストで作物を作るのかにあるということ。
イ　耕作放棄地を利用すれば日本の全国民の食料を賄えるということ。
ウ　日本にはどれほど多くの耕作放棄地が存在しているのかということ。
エ　農業の重装備化を進めなくても食糧の自給は可能だということ。

〔　　〕

第五段落（p.320 ℓ.6〜終わり）

8　「次善策」（三二〇・15）とあるが、筆者は「次善策」としてどのようなことを提案しているか。解答欄に合うように本文中から三十字以上三十五字以内で抜き出し、初めと終わりの五字で答えなさい。

［　　　　　］〜［　　　　　］こと。

9　「防衛の重装備化」（三二一・9）と「農業の重装備化」（三二一・11）のそれぞれが招く弊害について、筆者はどのような点が共通していると述べているか。本文中の語句を用いて三十五字以内で答えなさい。

読み比べ

10 新傾向　『ローカル鉄道の改革と地域振興』と『重装備農業からの脱却』の筆者は、産業のあり方についてどのような点で考え方が共通しているか。次から選びなさい。

ア　できるだけコストをかけずに高い経済効果を得られるような産業を目ざすべきだとする点。
イ　すでにある資源をかしこく利用して、身の丈に合った産業のあり方を探っていくべきだとする点。
ウ　利益を上げることは目的とせず、地球環境に優しい経済活動を第一に考えていくべきだとする点。
エ　化石燃料に依存する重装備の機械を極力使わない産業を興していくべきだとする点。

〔　　〕

11 新傾向　次の文章は、『ローカル鉄道の改革と地域振興』と『重装備農業からの脱却』の論じ方についてまとめたものである。空欄にあてはまる内容を、「前者は〜、後者は〜」という形で、「自らの体験」「歴史」「裏付け」という語句を用いて、四十字以内で答えなさい。

『ローカル鉄道の改革と地域振興』の筆者は、モータリゼーションと少子高齢化に伴う田舎の町の衰退という問題について、ローカル鉄道の改革を通した田舎の町の活性化の可能性を示している。一方、『重装備農業からの脱却』の筆者は、環境に負荷をかける重装備化された農業の問題点をあげ、軽装備農業への転換を提唱している。どちらも問題の解決策を述べているが、〔　　〕点に違いがある。

学習目標　資料の読み取り方、レポートのまとめ方、評価のしかたについて理解する。

レポートを書く

教科書p.334～p.350

検印

情報の整理・分析

思考力・判断力・表現力

○次の【資料1】【資料2】を読んで、あとの問いに答えなさい。

【資料1】時間帯別自転車関連死亡・重傷事故件数
（全体。平成26年～30年合計）

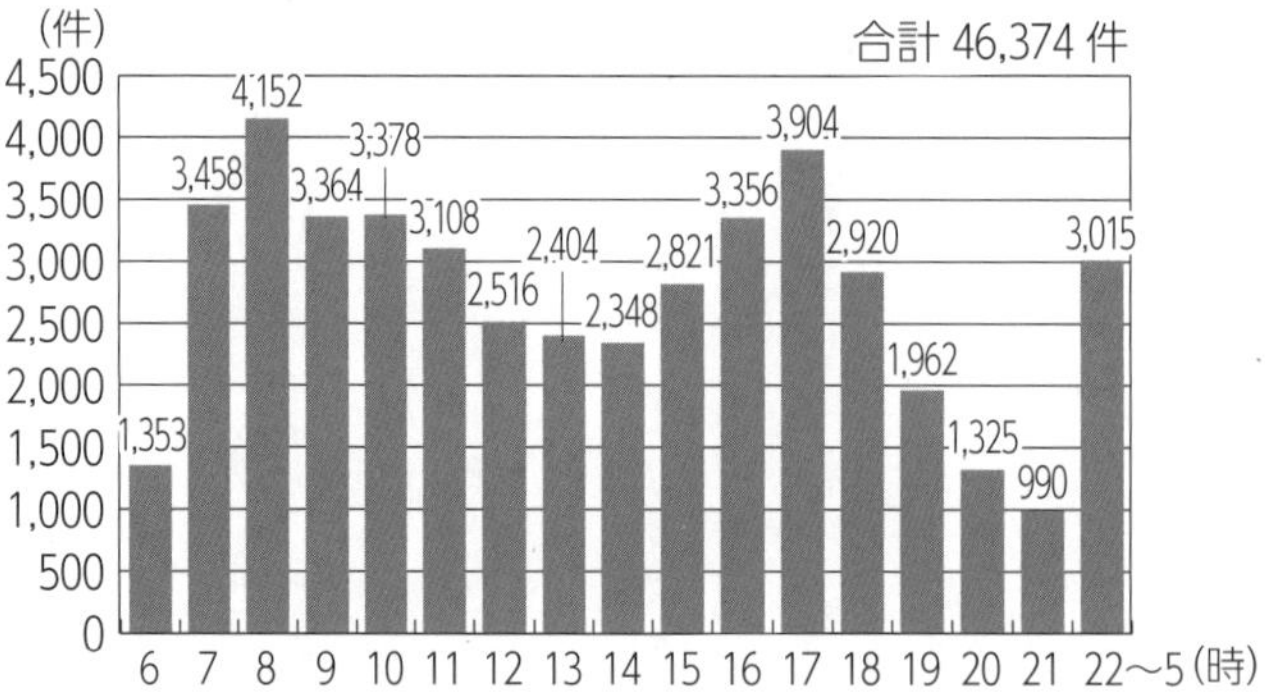

【資料2】時間帯別自転車関連死亡・重傷事故件数
（高校生。平成26年～30年合計）

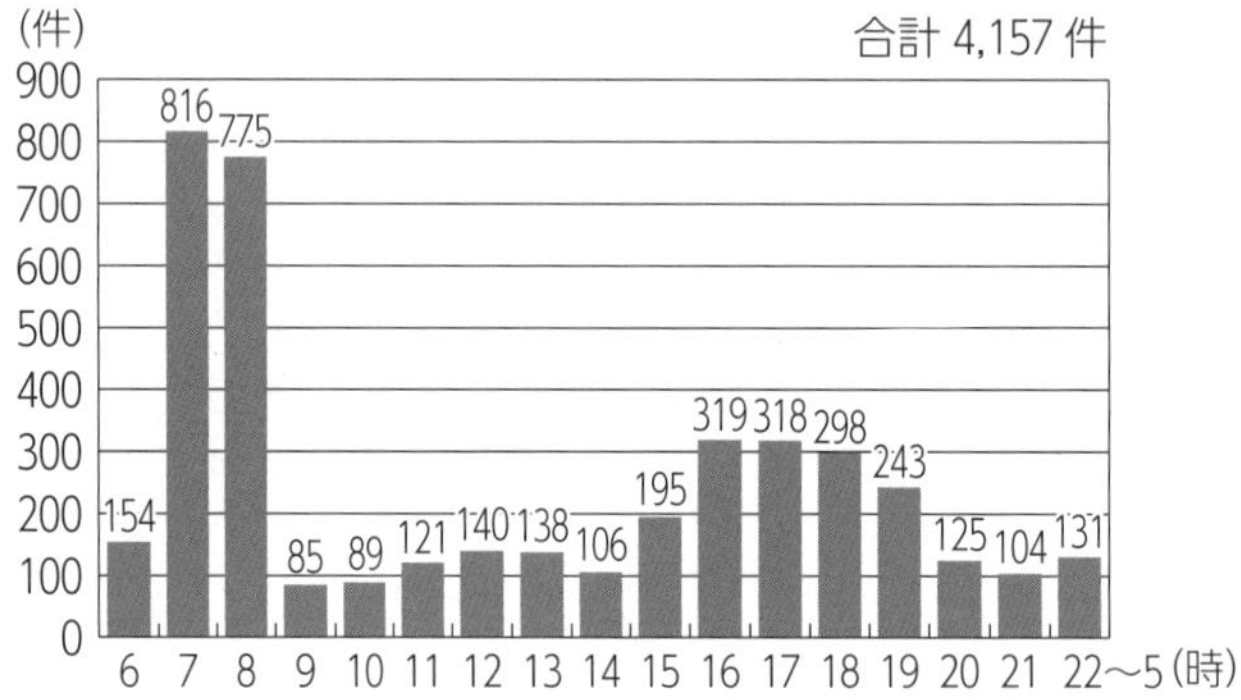

出所：資料1、資料2ともに警察庁交通局「自転車関連事故に係る分析」（平成31年4月25日）

1　**【資料1】から読み取れることを次から選びなさい。**

ア　自転車関連の死亡・重傷事故は夜間であっても日中とほぼ同じ割合で発生している。

イ　自転車関連事故は自転車が歩行者を死亡・重傷に導く事故が割合として多い。

ウ　自転車関連の死亡・重傷事故は朝と夕方に多く発生している。

エ　朝と夕方の自転車関連死亡・重傷事故は、学生と社会人が多く引き起こしている。

〔　　〕

2　**【資料2】から読み取れる、高校生による「自転車関連死亡・重傷事故」が多く発生している時間帯は、高校生にとってどのような時間か、答えなさい。**

〔　　　　〕

3　**【資料1】と【資料2】を組み合わせて、「高校生の自転車事故の原因」というテーマでレポートを書くことになった。二つの資料を適切に用いた説明をしているのはどの生徒か、次から選びなさい。**

生徒A：**【資料1】**によると、五年間で計四万六千件もの自転車関連死亡・重傷事故が発生しているが、**【資料2】**によると、そのうち高校生が関連するのは四一五七件で、一割未満である。

生徒B：**【資料1】**と**【資料2】**を見ると、高校生の自転車関連死亡・重傷事故は部活動に伴う移動が大きな原因になって引き起こされていると読み取れる。

生徒C：**【資料1】**は全体の時間別自転車関連死亡・重傷事故件数で、朝と夕方に自転車事故が多いことがわかるが、**【資料2】**によると高校生が関連する事故は朝の登校時が突出して多いことがわかる。

生徒D：**【資料1】**によると、自転車事故が多い時間帯は一位が八時、二位が十七時だが、**【資料2】**によると午前七時が一位、二位が八時で、いずれも八時が上位にあがっている。

生徒〔　　〕

構成の検討・レポートの評価

思考力・判断力・表現力

○次のレポートを読んで、あとの問いに答えなさい。

【レポート例】「自転車交通事故の原因と対策」

1 自転車対歩行者の交通事故の実態

【資料1】によると、自転車対歩行者の交通事故の件数は、令和二年で減少したものの全体としては増加傾向にある。全体の交通事故件数は減少しているので、自転車対歩行者の事故件数は割合的にも増えているとわかる。

2 自転車交通事故の原因

【資料2】によると、自転車対歩行者事故における自転車側の原因として〔　　　〕が七割以上を占めている。これは、運転者の心がけ次第で防げる事故が多いことを示している。

3 自転車交通事故を減らすための対策

2で見たとおり、自転車事故は、運転者の安全運転に対する意識の低さが原因であるケースが多い。したがって、自転車事故の危険性や安全運転の必要性を運転者に周知させる必要があると考えられる。そのために、たとえば、学校等教育現場における道路交通に関する子供たちへの教育、社会においては自動車運転免許取得者以外への自転車運転講習を行うなど、自転車運転に関する知識を深める機会を増やすことが必要不可欠であると考える。

【資料1】自転車対歩行者交通事故件数

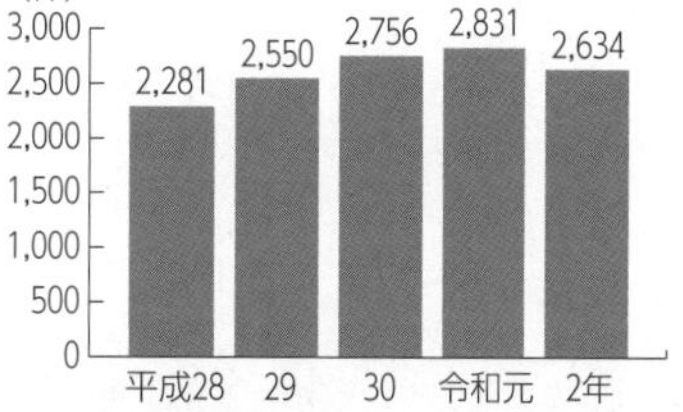

出所：内閣府「令和３年版交通安全白書」

【資料２】自転車対歩行者事故における自転車の法令違反別歩行中死者・重傷者数（令和２年）

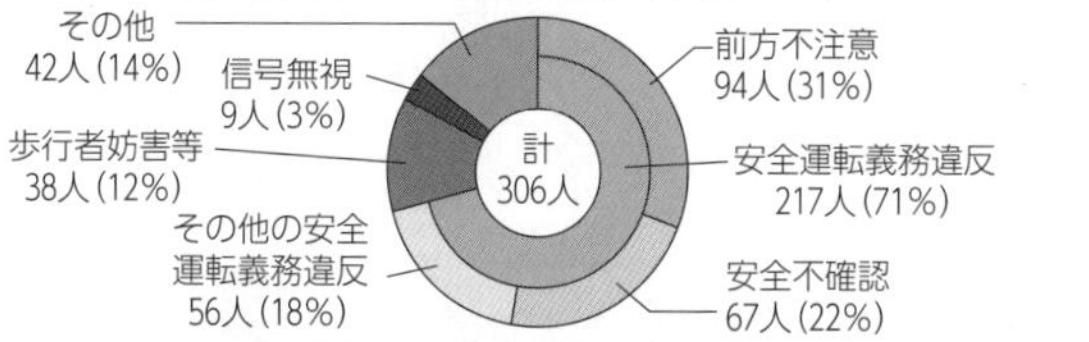

注「その他の安全運転義務違反」は、動静不注視、予測不適、操作不適等を含む。
出所：内閣府「令和３年版交通安全白書」

---

1 レポートの「1自転車対歩行者の交通事故の実態」では、資料が不足しているためにわかりにくい部分がある。新たに用意したほうがよい資料として最も適切なものを次から選びなさい。

ア　自転車交通事故が増加傾向にある理由がわかる資料。
イ　発生した自転車交通事故の場所の割合がわかる資料。
ウ　令和二年で自転車事故が減少した原因がわかる資料。
エ　交通事故件数全体の推移がわかる資料。

〔　　　〕

2 レポートの空欄にあてはまる語句を、【資料２】から抜き出しなさい。

〔　　　　　　　　〕

3 上のレポートについて、生徒が評価している。最も適切な評価をしている生徒を次から選びなさい。

生徒A：資料から読み取った自転車交通事故の原因についてはしっかりまとめられているけど、原因と対策が結びついていないね。原因から導き出せる対策を提案したほうがいいと思うな。

生徒B：自転車交通事故の原因についてはよく分析できているけど、その対策については独創性が低いね。自転車事故対策の現状についてももう少し調査したほうがいいと思うな。

生徒C：自転車交通事故の原因をふまえた対策については筋が通っているけど、対策の内容については具体性に欠けているね。もっと例を示して具体的に述べたほうがいいと思うな。

生徒D：自転車交通事故防止のための対策については具体的に考えられているけど、運転者の意識については根拠が書かれていないね。運転時の意識についてもっと調査したほうがいいと思うな。

生徒〔　　〕

小論文を書く

教科書p.352〜p.370

検印

○「次の文章を読んで、筆者の考えを百字以内で要約し、これからの社会で必要となる人間の能力についてあなたの考えを述べなさい。」という小論文課題が出された。これをふまえて、あとの問いに答えなさい。

1 学校の生徒は、先生と教科書にひっぱられて勉強する。自学自習ということばこそあるけれども、独力で知識を得るのではない。いわばグライダーのようなものだ。自力では飛び上がることはできない。

2 グライダーと飛行機は遠くからみると、似ている。空を飛ぶのも同じで、グライダーが音もなく優雅に滑空しているさまは、飛行機よりもむしろ美しいくらいだ。ただ、悲しいかな、自力で飛ぶことができない。

3 学校はグライダー人間の訓練所である。飛行機人間はつくらない。グライダーの練習に、エンジンのついた飛行機などがまじっていては迷惑する。危険だ。学校では、ひっぱられるままに、どこへでもついて行く従順さが尊重される。勝手に飛び上がったりするのは規律違反。たちまちチェックされる。やがてそれぞれにグライダーらしくなって卒業する。

4 優等生はグライダーとして優秀なのである。飛べそうではないか、ひとつ飛んでみろ、などと言われても困る。指導するものがあってのグライダーである。

5 グライダーとしては一流である学生が、卒業間際になって論文を書くことになる。これはこれまでの勉強といささか勝手が違う。何でも自由に自分の好きなことを書いてみよ、というのが論文である。グライダーは途方にくれる。突如としてこれまでとまるで違ったことを要求されても、できるわけがない。グライダーとして優秀な学生ほどあわてる。（中略）

6 いわゆる成績のいい学生ほど、この論文にてこずるようだ。言われた通りのことをするのは得意だが、自分で考えてテーマをもてと言われるのは苦手である。長年のグライダー訓練ではいつもかならず曳《ひ》いてくれるものがある。それになれると、自力飛行の力を失ってしまうのかもしれない。

7 もちろん例外はあるけれども、一般に、学校教育を受けた期間が長ければ長いほど、自力飛翔の能力は低下する。グライダーでうまく飛べるのに、危ない飛行機になりたくないのは当たり前であろう。

8 こどもというものは実に創造的である。たいていのこどもは労せずして詩人であり、小発明家である。ところが、学校で知識を与えられるにつれて、散文的になり、人まねがうまくなる。昔の芸術家が学校教育を警戒したのは、たんなる感情論ではなかったと思われる。飛行機を作ろうとしているのに、グライダー学校にいつまでもグズグズしていてはいけないのははっきりしている。

9 いまでも、プロの棋士たちの間に、中学校までが義務教育になっているのがじゃまだとはっきり言う人がいる。いちばん頭の発達の速い時期に、学校でグライダー訓練なんかさせられてはものにならない、というのであるらしい。

10 人間には、グライダー能力と飛行機能力とがある。受動的に知識を得るのが前者、自分でものごとを発明、発見するのが後者である。両者はひとりの人間の中に同居している。グライダー能力をまったく欠いていては、基本的知識すら習得できない。何も知らないで、独力で飛ぼうとすれば、どんな事故になるかわからない。

11 しかし、現実には、グライダー能力が圧倒的で、飛行機能力はまるでなし、という〝優秀な〟人間がたくさんいることもたしかで、しかも、そういう人も〝翔《と》べる〟という評価を受けているのである。

12 学校はグライダー人間をつくるには適しているが、飛行機人間を育てる努力はほんのすこししかしていない。学校教育が整備されてきたということは、ますますグライダー人間をふやす結果になった。お互いに似たようなグライダー人間になると、グライダーの欠点を忘れてしまう。知的、知的と言っていれば、翔んでいるように錯覚する。

13 われわれは、花を見て、枝葉を見ない。かりに枝葉は見ても、幹には目を向けない。まして根のことは考えようともしない。とかく花という結果のみに目をうばわれて、根幹に思い及ばない。

14 聞くところによると、植物は地上に見えている部分と地下にかくれた根とは形もほぼ同形でシンメトリーをなしているという。花が咲くのも地下の大きな組織があるからこそだ。

15 知識も人間という木の咲かせた花である。美しいからといって花だけを切ってきて、花瓶にさしておいても、すぐ散ってしまう。花が自分のものになったのでないことはこれひとつ見てもわかる。（中略）

16 根のことを考えるべきだった。それを怠っては自前の花を咲かすことは不可能である。もっとも、これまでは、切り花をもってきた方が便利だったのかもしれない。それなら、グライダー人間の方が重宝である。命じられるままについて行きさえすれば知識人になれた。へたに自発力があるのは厄介である。

17 指導者がいて、目標がはっきりしているところではグライダー能力が高く評価されるけれども、新しい文化の創造には飛行機能力が不可欠である。それを学校教育はむしろ抑圧してきた。急にそれをのばそうとすれば、さまざまな困難がともなう。

18 他方、現代は情報の社会である。グライダー人間をすっかりやめてしまうわけにも行かない。それなら、グライダーにエンジンを搭載するにはどうしたらいいのか。学校も社会もそれを考える必要がある。

（外山滋比古『思考の整理学』による）

要旨

1 課題文の論展開をまとめた左の表の空欄に適切な語句を補いなさい。 思考力・判断力・表現力

1～9段落（初め～22行）	10～12段落（23行～30行）	13～18段落（31行～終わり）
学校はグライダー人間の訓練所であり、学校教育を受けた期間が長いほど、〔ア　〕の能力は低下する。	現実では、グライダー能力（＝〔イ　〕に知識を得る能力）が圧倒的で、飛行機能力（＝自分でものごとを〔ウ　〕する能力）はまるでなし、という人間が多くなり、そういう人も〝翔べる〟という評価を受けている。 →自力で飛ぶことができないという欠点を忘れた錯覚。	これまでは、目標がはっきりしていて自発力は必要なかったため、〔エ　〕人間が重宝されてきた。 ⇩ しかし 新しい文化の創造には〔オ　〕能力が不可欠だが、それを急にのばそうとするのは困難。 ⇩ 他方 現代の〔カ　〕の社会においては、グライダー人間をやめてしまうわけにも行かない。 ⇩ だから グライダーに〔キ　〕を搭載するにはどうしたらいいのか、考える必要がある。

2 筆者の考えを百字以内で要約しなさい。

小論文

1 今回の小論文において、適切な主張と根拠の組み合わせを選びなさい。 思考力・判断力・表現力

ア　【主張】これからは、飛行機能力が備わっていればグライダー能力は必要ない。
【根拠】なぜなら、今後どのような社会になるか予測できないので、とりあえずこれまでのやり方に従うのが無難だからである。

イ　【主張】グライダー能力も必要だが、これからは飛行機能力を重点的に高めたほうがよい。
【根拠】なぜなら、これからのＩＴ社会では、自分の考えで行動することよりも、コンピュータに従うことが大切だからである。

ウ　【主張】今後もこれまで通り、グライダー能力があれば十分だ。
【根拠】なぜなら、これからの国際化社会において、受動的であることよりも能動的に働きかけることが求められるからである。

エ　【主張】今後は飛行機能力も大切だが、グライダー能力も必要だ。
【根拠】なぜなら、新たな文化の創造のためには、まずは情報を受け入れて解釈することが必要不可欠だからである。

〔　　　〕

小論文の評価

○次の小論文の解答例を読んで、あとの問いに答えなさい。

思考力・判断力・表現力

　現代を生きる私たちは、ＩＴ化が進み、めまぐるしく変化する社会の中にある。そのような時代に必要な能力は、受動的に知識を得るだけのグライダー能力ではなく、自分でものごとを発明、発見する飛行機能力であると私は考える。

　グライダー能力は、どうあがいてもコンピュータにはかなわない。したがって、グライダー能力しか身についていない人間は、今後ＡＩ（人工知能）に仕事を奪われてしまう可能性があるだろう。私たち人間は、コンピュータにはない能力を身につける必要がある。それが飛行機能力なのではないだろうか。

　また、激しい時代の変化についていくには、変化に応じてその場その場で必要な対応を見極め、行動に移す能力が必要となってくる。変化の内容を読み取るためにはグライダー能力も必要ではあるが、その変化をふまえて新たな道を見いだす飛行機能力が不可欠である。

　では、飛行機人間をつくるためにはどうしたらよいか。一人一人のちょっとした意識の変化が必要なのだろうと思う。何でもよいので、自発的な行動を含む生活を習慣化させるのである。しかし現代の私たちは、スマートフォンやゲームなどで、一方的に情報を受け取るだけの生活に慣れてしまっている。こうした情報機器に囲まれる生活は問題であり、早急な改善が望まれる。

1　上の小論文の主張と根拠の内容として、最も適切なものを次から選びなさい。

ア　社会の変化の受容と柔軟な対応の必要性を根拠に、飛行機人間とグライダー人間が共存する方法を主張している。

イ　ＩＴ社会における人々の生活習慣と意識の変化を根拠に、グライダー人間の必要性を主張している。

ウ　ＩＴ化が進んでめまぐるしく変化する社会になっていることを根拠に、生活習慣の改善を主張している。

エ　ＩＴ社会や変化する時代に対応するために必要な能力であることを根拠に、飛行機能力の重要性を主張している。

〔　　〕

2　上の小論文には、表記の誤りがある。誤った表記を漢字一字で抜き出し、正しく書き直しなさい。

誤［　　］→正［　　］

3　上の小論文について、生徒が評価している。最も適切な評価をしている生徒を次から選びなさい。

生徒Ａ：最初の段落で主張の根拠をしっかり述べているね。でも「〜だろうか」という表現を多用していて、自分の意見に自信がない印象を受けるな。「〜である」と言い切ったほうがいいね。

生徒Ｂ：前半は課題文の内容を的確に押さえて主張と根拠を説明できているね。でも、最後の段落はテーマに沿った内容からずれてしまっているな。全体の主張を再提示してまとめたほうがいいね。

生徒Ｃ：文章の最初で、自分の主張が明確に示されているね。でも、根拠の内容が課題文の筆者の考えと全く同じではないかな。もっと独創性を出したほうがいいね。

生徒Ｄ：内容の重複がなく、首尾一貫した主張が展開されていて、読みやすいね。でも、解決策が具体的でないので、もっと具体的に書いたほうがよさそうだね。

生徒〔　　〕

学習目標　文章構成の方法、文と文をつなぐ方法やその種類について理解する。

文章構成の型・主な接続の方法と種類

文章構成の型　知識・技能

1 **次の各文の構成は、「演繹《えんえき》」「帰納」のどちらか。「演繹」であればア、「帰納」であればイで答えなさい。**

①Aさんは猫も犬も鳥も好きである。したがって、Aさんは動物が好きなのだろう。〔　　〕

②大豆にはさまざまな栄養素が含まれている。だから、大豆製品である納豆や豆腐は栄養価が高いはずだ。〔　　〕

③彼女はピアノもバイオリンも弾ける。だから、音楽は得意だろう。〔　　〕

2 **次の文章の各文は、三角ロジックの中の何にあたるか。あとのア〜ウからそれぞれ選びなさい。**

①朝食は毎日食べたほうがよいと思う。②なぜなら、朝食を抜くと健康によくないからだ。③実際、朝食を抜くと生活習慣病のリスクが高くなることが明らかになっている。

ア　データ　**イ**　理由付け　**ウ**　主張

①〔　　〕②〔　　〕③〔　　〕

3 **次の文から類推できることとして適切なものを、あとのア〜ウから選びなさい。**

彼はスケートボードが得意だ。

ア　父親がスケートボードの選手だからだろうか。

イ　スノーボードも得意だろう。

ウ　将来の夢はプロのスケートボーダーになることだろう。

〔　　〕

主な接続の方法と種類　知識・技能

教科書 p.372〜p.373

検印

1 **次の各文の空欄に、接続表現を補いなさい。**

①もうすぐ春ですね。〔　　〕、勉強は順調に進んでいますか。

②昨日は早く帰った。〔　　〕、雨が降りそうだったからだ。

③環境問題が深刻だ。〔　　〕、リサイクルに努めることにした。

④ヨーグルトはおいしい。〔　　〕、栄養価も高い。

⑤完璧に仕上げたつもりだった。〔　　〕、ミスを指摘された。

①〔　　〕②〔　　〕③〔　　〕④〔　　〕⑤〔　　〕

2 **次の各文の関係は、「類比」「対比」のどちらか。「類比」であればア、「対比」であればイで答えなさい。**

①前回のテストはひどい結果だった。しかし必死で勉強した甲斐もあり、今回のテストは納得のいく結果だった。〔　　〕

②スポーツも基礎練習をしっかりしないと上達しない。学校の勉強も基本をしっかり復習するところから始めるべきだ。〔　　〕

3 **次の各文の接続の種類として適切なものを、あとのア〜オからそれぞれ選び、記号で答えなさい。**

①試合に負けた。だから、練習方法を見直す必要がある。〔　　〕

②雨が降ってきた。私の気持ちも沈んだ。〔　　〕

③兄は背が高い。また、肩幅も広い。〔　　〕

④寂しい気持ちになった。なぜなら卒業式が近いからだ。〔　　〕

ア　理由　**イ**　逆接　**ウ**　添加　**エ**　類比　**オ**　順接

入試問題に挑戦　哲学の使い方（鷲田清一）

二松学舎大学（改題）

検印

○次の文章を読んで、あとの問いに答えなさい。

[1] ひとが哲学に焦がれるのは、いまのじぶんの道具立てではじぶんがいま直面している問題がうまく解けないときである。なにかこれまでとは違う問い方をしなければ、それももっと包括的な問いのなかに座を移さないと、らちがあかないと感じるときである。そのために、哲学の書き物を手引きに、レーヴィットもいうように「すべてのものを取って抑えて質問し、懐疑し、探究」しようとする。けれどもこのような思考には、いってみれば①大きな肺活量が要る。じぶんにとってあたりまえのことに疑いを向け、他者の意見によってみずからのそれを揉《も》みながら、ああでもない、こうでもないと、あくまで論理的に問いを問いつづけるそのプロセスを歩み抜くには、ちょうど無呼吸のまま潜水をしつづけるときのような肺活量が要るのである。あるいは、思考のためといってもいい。さらにそれは、すぐにはわからないことにわからないままつきあう思考の体力といいかえてもいいし、すぐには解消されない葛藤の前でその葛藤に晒《さら》されつづける耐性といってもいい。

[2] というのも、個人生活にあっても社会生活にあっても、大事なことほどすぐには答えが出ないからである。いやそもそも答えの出ないことだってある。だから、人生の、あるいは社会の複雑な現実を前にしてわたしたちが紡ぐべき思考というのは、わからないけれどもこれは大事ということを見いだし、そしてそのことに、わからないまま正確に対処することだといってもいい。このことを、三つのまったく異なる場面を例にとって考えてみたい。

[3] まず、政治的な思考について。政治的な判断はきわめて流動的で不確定な状況のなかでなされる。外交政策であれば、それぞれの思惑を測り、いくつかの可能性を想定して、それぞれに手を打つ。しかし、そうした対処じたいが関係国の思惑を刺激し、事態はいっそう複雑になってくる。国内政策であれば、さしあたって不可欠の政策AとBがあるとして――たとえば景気刺激と構造改革という、相反する政策――、いずれを先にするかでAとBのそれぞれの政策としての有効性は大きく変じる。政策が置かれる状況じたいが大きく変化してしまうからである。だからAに先に手をつけるのか、Bを先に実行するのか、それを手遅れになることなく決定しなければならない。けれどもいずれが有効か、だれも見通せているわけではない。見通せないけれども決断しなければならないのだ。つまり、結果がわからないまま、わからないことに正確に対応するということ、それが政治的思考にはもとめられる。政治的な思考とは、政略的な駆け引きである以前に、まずは最善の工夫であり、最悪の回避であり、優先度の決定（価値の優先／後置の判断）――これを背後から

支える②《価値の遠近法》が哲学である——なのであって、ひとはそこで、最終的な「正解」が見えないままに、しかも最上の「確かさ」をもとめて考えつづけなければならないのだ。

4 次に、ケアの思考である。病院である患者が非常に深刻な病に陥ったとき、そしてどういう治療と看護の方針をとるかというときに、考えは立場によって大きく異なる。医師の立場、看護師の立場、病院のスタッフの立場、患者の家族の立場、そしてなにより患者本人の思いと、さまざまな思いや考えが錯綜《さくそう》する。そのうちだれかの意見をとれば、別のだれかが納得しない。つまりここには正解はない。正解がないままスタッフたちは、猶予もなしに治療と看護の方針を決めなければならない。

5 最後に、アートにおける思考。たとえば、制作中の画家には、じぶんが表現しようとおもっているものがじつは何かよくわからない。描きたい、表現したいという衝迫だけは明確にあるが、描きたいそれが何であるかはじぶんでも摑《つか》めていない。けれども、ここはこの色でなくてはならない、そこはこういう線でなければならないという必然性はまぎれもなくある。だから、描きかけの画面のなかのある色を別の色に置き換えたら全体をそっくり描きなおさないといけないことになってしまう。そしてこれしかありえないという必然性を追うなかで絵はやっと描き終わる。しかしその画業の意味を問われても答えようがない。画家の元永定正《もとながさだまさ》はじぶんの作品について「これは何ですか?」と問われるといつも、「これはこれです」と答えるのだという。そういう意味では、曖昧なものを曖昧なままに正確に表現する、一箇所もゆるがせにしないで、正確に、これしかないという表現へともたらすこと、これが画家の力量である。

6 このように、政治、ケア、描画のいずれにおいてももっとも大事なことは、わからないもの、正解がないものに、わからないまま、正解がないまま、いかに正確に処するかということである。そういう頭の使い方をしなければならないのがわたしたちのリアルな社会であるのに、多くの人は③それとは反対方向に殺到する。わかりやすい言葉、わかりやすい説明をもとめるのだ。だがほんとうに大事なことは、困難な問題に直面したときに、すぐに結論を出さないで、問題がじぶんのなかで立体的に見えてくるまでいわば潜水しつづけるということである。知性に肺活量をつけるというのはそういうことである。目の前にある二者択一、あるいは二項対立に晒されつづけること、対立を前にして考え込み、考えに考えてやがてその外へ出ること、それが思考の原型なのに、そうした対立をあらかじめ削除しておく、均《なら》しておくというのが、現代、人びとの思考の趨勢《すうせい》であるようにおもえてしかたがない。哲学はこういう趨勢に抗《あらが》って、知性のそういう肺活量を鍛えるものである。

7 ひとは、思いどおりにならないもの、理由がわからないものに取り囲まれて、苛立《いらだ》ちや焦り、不満や違和感で息が詰まりそうになると、その鬱《ふさ》ぎを突破するために、じぶんが置かれている状況をわかりやすい論理にくるんでしまおうとする。その論理に立てこもろうとする。わからないものをわからないまま放置していることに耐えられないからだ。だから、わかりやすい物語にすぐに飛びつく。

8 だが、ほんとうに大事なことは、ある事態に直面して、これは絶対手放してはならないものなのか、なくてもよいものなのか、あるいは絶対にあってはいけないものなのか、そういうことをきちっと見極めるような視力である。そのためには、たとえば目下のじぶんの関心とはさしあたって接点のないような思考や表現にもふれることが大事だ。じぶんのこれまでの関心にはなかった別の補助線を立てることで、より客観的な価値の遠近法をじぶんのなかに組み込むことが大事である。

（中略）

9 ヘーゲルは哲学とは「思想のうちに捉えられた時代」だと書いていた。哲学がそのように時代の自己意識なのだとすれば、哲学の仕事は、だれもがほのかに感知しているのにまだよく摑めていない、そういう時代の構造の変化に、概念的な結晶作用を起こさせることにあるはずだ。未知の概念をそこに挿入することで、その変化にある立体的な形を付与するものであるはずだ。時代はつねにそういう発見的な言葉をもとめている。

10 そういう視界を概念によって開くためには、「わたしたち」の生のうんと外側に光源をとって世界を見るようなまなざしが必要である。「わたしたち」の思考のなかに安住していては、そういう［A］は引けない。ひとが見たいとおもっているのは、その視野のなかで最良のものでしかない。ひとは「わたしたち」の外輪山のさらにその外側に視点をとって、いわばもっと大人げない夢を見なければならない。じっさい、十九世紀から二十世紀にかけての西欧の哲学者や芸術家たちは、マルクス主義であれ精神分析であれ構造主義であれアヴァンギャルド芸術であれ、みずからの視線を〈外〉の視線につなぐこと、〈外〉を自身の核となる部分にまで引き込むことで、自身の思考をその台座ごと変換するべく試みてきた。《プロレタリア》、《無意識》、《狂気》、飼い慣らされていない《生《なま》の芸術》（幼児や精神病者の描画）、アフリカ・南太平洋などの、外輪山のさらにその向こうにある〈外〉、それまで見えているのにだれも見ていなかったそれらに向きあうことで、じぶんが依拠している世界理解のフレームワークを解体し、組み換えることに取り組んできたのであった。

（設問の都合上、一部省略・変更した。）

内容の理解

思考力・判断力・表現力

1 傍線部①「大きな肺活量が要る」について、次の問いに答えなさい。

(1)「大きな肺活量」とは何か。次から選びなさい。

ア　無呼吸のまま潜水しつづけるときに必要とされる、強靱《きょうじん》な肉体的強度。

イ　すぐには解消されない葛藤に晒され、わからないことにわからないままつきあう体力。

ウ　じぶんにとってあたりまえのことを疑い、客観的に問うための知識量。

エ　じぶんが直面している問題を解くために必要となる、柔軟な思考力。

オ　わからないものをわかるようになるまで主体的に考えるのに必要な聡明《そうめい》さ。

〔　　〕

(2)筆者はなぜ「大きな肺活量が要る」と述べているのか。「大事」という語句を用いて、四十五字以内で答えなさい。

2 新傾向　傍線部②「《価値の遠近法》」とはどういうものか、四人の生徒が話し合っている。空欄にあてはまる語句を十字程度で答えなさい。

生徒A：「政治的な思考」を「背後から支える《価値の遠近法》が哲学」だとあるけど、「価値の遠近法」とは、どういう意味なのかな。

生徒B：直前に「優先度の決定」とあるね。優先度を決めるためのものかな。

生徒C：8段落の最後に「客観的な価値の遠近法」とあり、ここでも同じ言葉が使われているよ。

生徒A：そうか、わかった。「価値の遠近法」とは、複雑な現実の中である事態に直面したときに、何が必要で何が必要でないかという、〔　　〕なんだね。

3 傍線部③「それとは反対方向に殺到する」と同じような意味を表す部分を本文中から十六字で抜き出しなさい。

4 本文中の空欄Aにあてはまる語として最も適当なものを本文中から三字で抜き出しなさい。

5 本文の内容として適当でないものを次から一つ選びなさい。

ア　リアルな社会において必要とされる思考法は、わからないもの、正解がないものに、わからないまま、正解がないままに、しかしながら正確に対処する、頭の使い方である。

イ　わからないものに直面したとき、じぶんの関心にはなかった外側に別の視点を取り、より客観的な価値の遠近法をじぶんのなかに組み込むことが大事である。

ウ　わからないことをわからないままに放置しておくことは、不安定な状態に自身を晒し続けることであるため、我々は精神の安寧を求めてすぐに結論を得ようとしてしまう。

エ　安住できるじぶんのなかの思考を見つめなおし、最良のものを見つけ、そこから自分の思考をその台座ごと変換することで、わからないものをわからないまま、正確に対処できる。

オ　未知のものに向き合う場合、外の視点を自分の核となる部分まで引きずり込み、じぶんの世界理解の枠を解体し、組み換える必要がある。

〔　　〕

入試問題に挑戦　コミュニティを問いなおす（広井良典）

武蔵野美術大学（改題）

検印

○次の文章を読んで、あとの問いに答えなさい。

さて、「コミュニティ」という言葉ないし概念についての理解や定義は多様であるが、ここではひとまず、「コミュニティ＝人間が、それに対して何らかの帰属意識をもち、かつその構成メンバーの間に一定の連帯ないし相互扶助（支え合い）の意識が働いているような集団」と理解してみたい。

ところで、「コミュニティ」という時、少なくとも次の三つの点は区別して考えることが重要と思われる。すなわちそれらは、

①「生産のコミュニティ」と「生活のコミュニティ」

②「農村型コミュニティ」と「都市型コミュニティ」

③「空間コミュニティ（地域コミュニティ）」と「時間コミュニティ（テーマコミュニティ）」

という三つの視点である。

まず①（生産のコミュニティと生活のコミュニティ）については、都市化・産業化が進む以前の農村社会においては、両者はほとんど一致していた。すなわち、稲作等を中心とする農村の地域コミュニティが、そのまま「生産のコミュニティ」でありかつ「生活のコミュニティ」でもあったのである。やがて高度成長期を中心とする急速な都市化・産業化の時代において、両者は急速に〝分離〟していくとともに、「［A］のコミュニティ」としてのカイシャが圧倒的な優位を占めるようになっていった。現役のサラリーマンに〝あなたの日々の生活にとってもっとも大きな意味をもつ集団は何か〟と問えば、ほぼ確実に勤務先の会社と答えるという状況が、自明の事実となっていったのである。ところが、経済が成熟化し急速な拡大・成長の時代が終わりつつあると同時に、カイシャや家族という存在が多様化・流動化している現在、こうした構造そのものが大きく変容する時代を迎えつつある。ここにおいて〝地域という「［B］のコミュニティ」は回復しうるか〟という問いが新たな装いのもとで浮上してくるのはごく自然な帰結といえる。

こうした点を「経済システムの進化とコミュニティ」という視点でとらえるならば、私たちは市場化・産業化という、いわば地域や自然からの〝離陸〟の時代から、＊ポスト産業化（ひいては筆者のいう「＊定常型社会」）の時代という、〝着陸〟の時代を迎えつつあるといえようが、いまだそれがどのような形のものとなるかは大方明らかではない。

ところで、日本の場合についてさらに補足すれば、戦後日本の場合、「国を挙げての経済成長」という圧倒的な目標が、日本人全体をいわば束ねる〝求心力〟として作用し、それが（〝＊経済ナショナリズム〟的な志向とも相まって）「ニッポンというコミュニティ（〝日本株式会社〟）」の基本的感覚として強く働いたといえるだろう（かつ戦前からの、あるいは明治以降の国家主義的遺産がそれを下支えした）。

同時にそれは、先ほどふれた「会社」と「（核）家族」という（互いに熾烈《しれつ》な競争関係にある）個別のコミュニティを何とか〝つなぐ〟役割をも果たした。というのも、個々の会社や（核）家族が競争しその利益を追求することが、＊パイ全体の拡大（＝経済成長）につながり、それがまた結果として個々の会社や家族の〝取り分〟の拡大にもつながるという好循環が存在していたからである。

しかしながら、「国を挙げての経済成長」という目標が、かつてのような絶対的な輝きをもって意識されるような時代が終わる中で――また、そもそも経済成長ということが人々の「幸福」に必ずしも直結しないということが様々な形で感覚されるようになる中で――、「ニッポンというコミュニティ」を形成する求心力はもはや希薄なものになっている。加えて現実にも、限りない成長・拡大（＝「パイの拡大」）という時代が終わる中で、いわゆる格差問題や社会保障のあり方など、むしろ「パイの〝分配〟」という課題が前面に出るようになり、「パイの拡大が個人の利益の増加にそのまま結びつく」という予定調和的な状況や前提――言い換えれば、自己を中心とする同心円を拡大していけば自《おの》ずとそれが国全体と重なるという関係構造――はもはや存在しなくなっている。

こうして、①高度成長期を中心に日本人にとっての中心的なコミュニティであった「会社」、「家族」、「ニッポンという（会社的）コミュニティ」とその関係構造は、幸か不幸か、いずれもこれまでのような形では存在しなくなっている。現在の日本社会において「コミュニティ」というテーマが大きく浮上する基本的な背景のひとつはこれであり、この点は同時に、この後で述べる〝②個人の社会的孤立〟という状況とつながることになる。

さて、「コミュニティ」という概念に関して次に重要となる視点は、先に②として示した③「農村型コミュニティと都市型コミュニティ」という視点であり、これは、人と人との「関係性」のあり方を象徴的に示したものである。

端的にいえば、ここで「農村型コミュニティ」とは、〝共同体に一体化する（ないし吸収される）個人〟ともいうべき関係のあり方を指し、それぞれの個人が、ある種の情緒的（ないし非言語的な）つながりの感覚をベースに、一定の「同質性」ということを前提として、凝集度の強い形で結びつくような関係性をいう。これに対し「都市型コミュニティ」とは〝独立した個人と個人のつながり〟ともいうべき関係のあり方を指し、個人の独立性が強く、またそのつながりのあり方は共通の規範やルールに基づくもので、言語による部分の比重が大きく、個人間の一定の異質性を前提とするものである。

こうした「農村型コミュニティ」と「都市型コミュニティ」という対比を行った場合、日本社会（ないし日本人）において圧倒的に強いのが前者（農村型コミュニティ）のような関係性のあり方であることは、あらためて指摘するまでもないかもしれない。戦後の日本社会とは〝農村から都市への人口大移動〟の歴史といえるが、農村から都市に移った人々は、カイシャと核家族という〝都市の中の農村（ムラ社会）〟を作っていったといえる。そこではカイシャや家族といったものが〝閉じた集団〟になり、それを超えたつながりはきわめて希薄になっていった。そしてさらに、そうしたムラ社会の「単位」が個人にまでいわば〝縮小〟し、人と人の間の孤立度が極限まで高まっているのが現在の日本社会ではないだろうか。

実際、二〇〇五年に出されたＯＥＣＤ（経済協力開発機構）の報告書では、国際的に見て日本はもっとも「社会的孤立」度の高い国であるとされている。この場合「社会的孤立」とは、家族以外の者との交流やつながりがどのくらいあるかという点に関わるもので、日本社会は、〝自分の属するコミュニティないし集団の「ソト」の人との交流が少ない〟という点において先進諸国の中で際立っている。

現在の日本の状況は、「空気」といった言葉がよく使われることにも示されるように、集団の内部では過剰なほど周りに気を遣ったり同調的な行動が求められる一方、一歩その集団を離れると誰も助けてくれる人がいないといった、「ウチとソト」との落差が大きな社会になっている。このことが、人々のストレスと不安を高め、高い自殺率といったことも含めて、生きづらさや閉塞感の根本的な背景になっているのではないだろうか。

したがって、日本社会における根本的な課題は、「個人と個人がつながる」ような、「都市型のコミュニティ」ないし関係性というものをいかに作っていけるか、という点に集約される。これについては、ひとつには「規範」のあり方（集団を超えた普遍的な規範原理の必要性）という点が大きな課題となり、またもっと日常的なレベルでのちょっとした行動パターン（挨拶、お礼の言葉、見知らぬ者どうしのコミュニケーション等）ということが同時に重要となると考えられ、またアジアなど外国人との関わりの増加も契機のひとつになりうるかと思われる。

ところで、これからの時代のコミュニティというものを考えていく上で無視できない要因として、少子・高齢化という人口構造の大きな変化がある。この場合重要な視点は、人間の「ライフサイクル」というものを全体として眺めた場合、「子どもの時期」と「高齢期」という二つの時期は、いずれも地域への〝土着性〟が強いという特徴をもっているという点だ（これに対し現役世代の場合は、概して〝職域〟への帰属意識が大きくなる）。

この点をふまえたうえで図1を見てみよう。これは、人口全体に占める「子どもプラス高齢者」の割合の変化を示したものであるが、

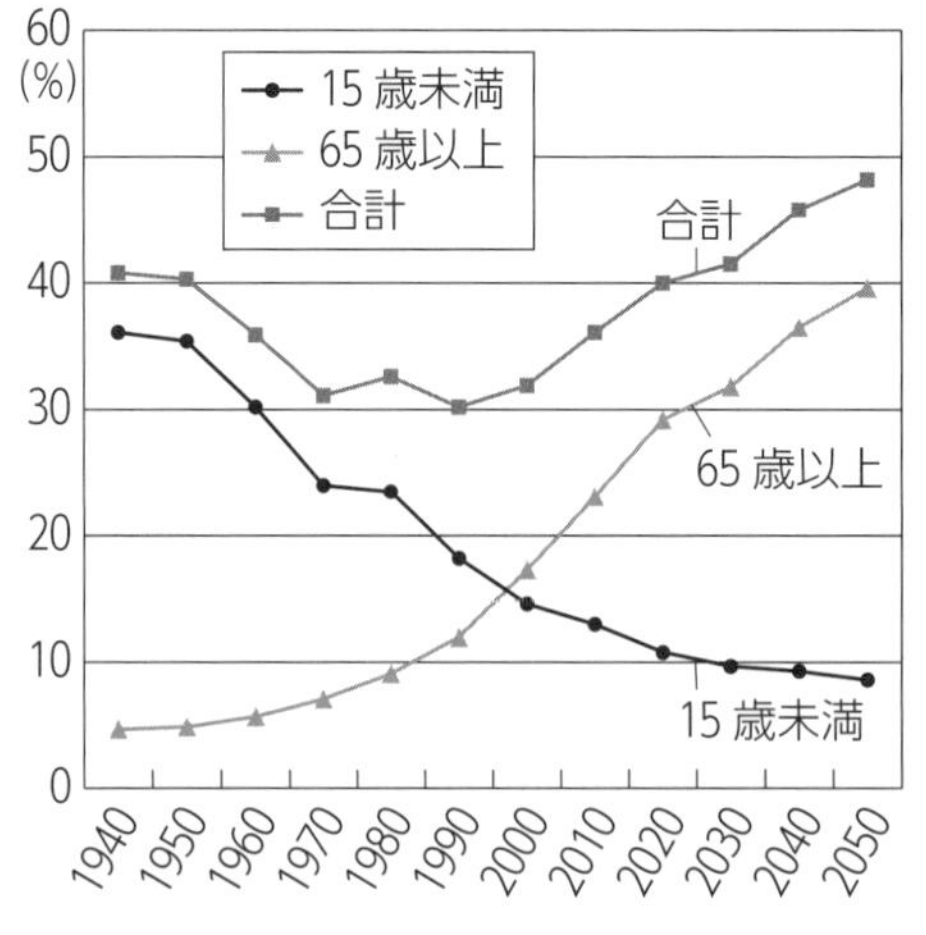

図1　人口全体に占める「子ども・高齢者」の割合の推移（1940～2050年）

（注）子どもは15歳未満、高齢者は65歳以上。
（出所）2000年までは国政調査。2010年以降は「日本の将来推計人口」（平成18年12月推計）。

現在をはさんで一九四〇年から二〇五〇年という一〇〇年強の長期*トレンドで見た場合、それがほぼきれいな「U字カーブ」を描いていることが顕著である。すなわち、人口全体に占める「子どもと高齢者」の割合は、戦後の高度成長期を中心に一貫して低下を続け、それが世紀の変わり目である二〇〇〇年前後に「谷」を迎えるとともに増加に転じ、今後二〇五〇年に向けて今度は一貫して上昇を続ける、という大きなパターンがそこに見て取れる（もちろん、前半期においては*『三丁目の夕日』の世界のように子どもが多くを占め、後半期においては高齢者が多くを占めるという点でその中身は対照的なのであるが）。

　そして、先ほど「子どもと高齢者は地域への〝土着性〟が強い」ということを確認したのだが、この点とあわせて考えると、戦後から高度成長期をへて最近までの時代とは、一貫して〝「地域」との関わりが薄い人々〟が増え続けた時代であり、それが現在は、逆に〝「地域」との関わりが強い人々〟が一貫した増加期に入る、その入り口の時期であるととらえることができる。

　こうした意味において、先にコミュニティをめぐる第三の視点として挙げた「空間コミュニティと時間コミュニティ」とも関連するが、「地域」というコミュニティがこれからの時代に重要なものとして浮かび上がってくるのは、ある種の必然的な構造変化であるとすらいうことができるだろう。加えて、現役世代についても、これからのポスト産業化時代には（職住近接、*ＳＯＨＯなどのトレンドの中で）地域との関わりが相対的に増加していくことになる。

　さらにいえば、日本において現役世代の「地域」への関わりが薄いのは、後に見ていく都市計画や土地所有等の問題を背景に、大都市の中心部に計画的に整備された集合住宅が少なく、そのため住宅が都市の外縁に*スプロール状に無際限に広がり、結果として極端に通勤距離・時間が長く、職場と居住地が完全に乖離《かいり》しているという背景があった。こうした点が、戦後日本における地域コミュニティというもののあり方に独特の相貌を与えてきたと思われる。

　他方、現在の日本社会において、様々なＮＰＯや協同組合、〝社会起業家〟等々の多様な活動・事業や実践に見られるように、「新しいコミュニティ」づくりに向けた多くの試みが百花繚乱《りょうらん》のように生成していることは言うまでもない。こうした「ミッション（使命）」志向型の（あるいは「テーマ型」ないし「時間コミュニティ」とも呼ばれる）コミュニティは、伝統的な地域コミュニティとどのような形でクロスし、また今後の展望が開かれていくのだろうか。コミュニティをめぐるこうした〝空間（地域）と時間〟の交差のありようも、様々な角度から考えていきたい。

（設問の都合上、一部省略・変更した。）

語注　＊ポスト産業化…「工業化」の時代を経て、情報・知識・サービス業など第三次産業の割合が高まること。　＊定常型社会…経済成長を絶対的な目標としなくても「幸福」や「豊かさ」が実現されてゆく社会。　＊経済ナショナリズム…国家による経済活動の管理を重視する政策や考え方。　＊パイ…分け合うべき収益・費用などの全体。　＊トレンド…動向。流行。　＊『三丁目の夕日』…西岸良平作の漫画、あるいはそれを原作とした二〇〇五年の映画。　＊SOHO…小規模事業者、在宅事業者。small office home office の頭文字をとった略称。　＊スプロール状…無秩序・無計画な様子。

内容の理解

思考力・判断力・表現力

1 空欄A・Bに入る語として最も適当なものをそれぞれ二字で本文中から抜き出しなさい。

A

B

2 傍線部①「高度成長期を中心に……存在しなくなっている。」とあるが、なぜ「これまでのような形では存在しなくなっている」のか。その説明として適切でないものを次から選びなさい。

ア　経済が成熟化し急速な拡大成長の時代が終わりつつあると同時に、会社や家族という存在が多様化・流動化してきているから。

イ　市場化・産業化という、地域や自然からの〝離陸〟の時代から、ポスト産業化の時代という、〝着陸〟の時代を迎えつつあるから。

ウ　個々の会社や家族が利益を追求することが国全体の経済成長につながり、それがまた個々の会社や家族の〝取り分〟の拡大にもつながっているから。

エ　「国を挙げての経済成長」という目標が、かつてのような絶対的な輝きをもって意識されるような時代が終わってしまったから。

オ　経済成長が人々の「幸福」に必ずしも直結しないということが感覚され、「ニッポンというコミュニティ」の求心力が弱まっているから。

カ　「パイの拡大が個人の利益の増加にそのまま結びつく」という前提に代わり、「パイの分配」という課題が前面に出る時代になってきたから。

〔　　〕

3 傍線部②「個人の社会的孤立」とはどういうことか。「コミュニティ」「家族」という語句を用いて、五十字以内で説明しなさい。

4 傍線部③「『農村型コミュニティと都市型コミュニティ』という視点」とあるが、それらの視点を用いて筆者が述べていることの内容として、最も適当なものを次から選びなさい。

ア 「農村型コミュニティ」は〝共同体に一体化する個人〟であり、「都市型コミュニティ」は〝共同体を必要としない個人〟だと言える。

イ 「農村型コミュニティ」が情緒的で非言語的なつながりであるのに対し、「都市型コミュニティ」は共通のルールに基づく言語的なつながりである。

ウ 「農村型コミュニティ」は個人間の同質性を前提として凝集度が強いのに対し、「都市型コミュニティ」は個人間の異質性を前提にして個人が強く結びついている。

エ 「農村型コミュニティ」と「都市型コミュニティ」という対比を行った場合、日本社会において圧倒的に強いのは「都市型コミュニティ」である。

オ 農村から都市に移った人々は、「会社」と「核家族」という〝閉いた集団〟の中で〝都市の中のムラ社会〟を作っていったと言える。

カ 日本社会が「都市型コミュニティ」を作っていくには、集団内部の規範原理や、コミュニティの「ソト」の人との間での日常的なコミュニケーションが重要となる。

〔　　〕

5 新傾向 図1について、あとの問いに答えなさい。

(1) 図1から、一九四〇年から二〇五〇年の間で、子どもと高齢者の合計の割合がどのように変化し、今後どうなるということが読み取れるか。四十五字以内で説明しなさい。

(2) 筆者は、図1から「現在」がどのような時期にあると読み取れると述べているか。本文中の語句を用いて、三十五字以内で答えなさい。

6 本文の内容に合致するものを、次から二つ選びなさい。

ア かつての農村社会では一致していた「生産のコミュニティ」と「生活のコミュニティ」は、市場化・産業化の時代からポスト産業化の今日に至るまで分離し続けている。

イ 会社や家族という存在が多様化した高度成長期の日本人にとって、「家族」や「会社」よりも「国を挙げての経済成長」という目標が重要であった。

ウ 現在の日本は、集団を離れると助けてくれる人がいない場合でも、集団の内部で同調的な行動をとることで、ストレスや不安を抑制できる背景がある。

エ 日本社会における根本的な課題は、「個人と個人がつながる」ような「都市型のコミュニティ」をいかに作っていけるか、という点に集約される。

オ 人間の「ライフサイクル」全体で見た場合、「子どもの時期」と「高齢期」は地域への〝土着性〟が強く、一方で現役世代は〝大都市〟への帰属意識が大きくなる。

カ 現役世代の「地域」への関わりが薄いのは、戦後、大都市の中心部に整備された集合住宅が少なく、住宅が都市の外縁に無際限に広がってしまったからである。

〔　　〕〔　　〕

入試問題に挑戦　埋葬の起原（大澤真幸）

名古屋市立大学（改題）

検印

○次の文章を読んで、あとの問いに答えなさい。

1 埋葬は、死の観念の存在を意味している。埋葬を行う動物は、「死」を知っており、「死」に特別な意味を認めているのだ。つまり死を、まさに死として恐れているのである。死の観念をもっているということは、少なくとも次のことを含意している。すなわち、他者の死が不可避であることを知っており、かつ自分もまた必ず死ぬということを知っていること。ここでは、他者と自己との間に差異と同一性がともに打ち立てられていなくてはならない。一方では、他者と自分が区別されていなければならない。他者の死は私の死ではない。しかし、他方では、他者にとって死が必然であるのとまったく同様な意味で、自分にとっても死が必然でなくてはならない。死をまさに死として恐れることは、非常に人間的なことで、他の動物には見られない。

2 いや、そんなことはない、と反論する者もいるだろう。動物もまた、死を回避しようとしており、そうである以上は、死を恐れているではないか、と。確かに、客観的には――つまり第三者の観点から見れば――、動物の個体も、自己の死を回避する性質を備えている。動物の個体は、生殖に関連しない場面では、つまり自らの体内にある遺伝子の継承に貢献しない限りは、死を――厳密には個体の死につながりうる危険を――回避する性質を［A］させているはずだ。①そのような性質を備えていなければ、その動物は絶滅することになる。しかし、動物の個体は、死を死として（知って）恐れているわけではない。つまり、その個体にとって、死に特権的な意味があるわけではない。動物個体にとっては、死を含意する危険と他の危険との間に、質的な差異はない。

3 死の観念をもち、死を死として恐れることには、特別に人間的な部分がある。だが、「死」を知ることには、他の認識や行動から区別されたどのような特異性があるのか。チンパンジーはときに、仲間の他個体の死に対して、特殊な感情的反応を示す。集団の中で、とりわけ愛されていた個体が死につつあるときなどに、それは見られる。周囲の者たちは、死につつある個体を心配して、繰り返し覗《のぞ》き込んだり、その個体の身体を撫《な》でたり、頻繁に毛づくろいしたりする。息を引き取った直後には、特に親しかった個体は、死んだその個体の身体を静かに揺すったりして、まるで何とかまだ生きている徴候を探そうとしているかのようだ。死んでしまった個体がもはや復活しないことを理解すると、群れのほとんどの個体は、あたかも「喪」に服するかのように暗く沈み、静かにしている。このとき、チンパンジーは、死を理解していることになるのか。チンパンジーの悲哀に満ちたふるまいとネアンデルタール人の埋葬との間には、何か違いがあるのか。それとも、両者は、本質的に［B］のものと解釈すべきなのか。

4 チンパンジーの態度は確かに、彼らが、死に関連することがらについてのある種の自覚をもっているということを含意している。この態度の前提にあるのは、どうしても取り返しができない不可逆的な過程が生じたことへの理解であろう。チンパンジーの悲哀は、もう二度と会うことができない永遠の別れの際の悲しみに似ている。不可逆的に失われてしまったものに対して示すチンパンジーたちの未練や愛着には、確かに、人間の感情に非常に近いものが感じられる。

5 しかし、チンパンジーの態度の中に含意されているこうした理解は、まだ、ここで述べているような意味で、死の観念をもつ、ということとは違う。埋葬によって、死者を送ろうとしている者、死者の埋葬へと駆り立てられている者は、「死」を不可逆的な過程の一般には還元できない何か、それ以上の何かとして認識しているはずだ。「それ以上の何か」に相当する要件は何か。第一に、それが、その個体の生の——その個体が経験しうることの総体の——限界《リミット》であるということへの、原初的な理解があるはずだ。第二に、どの個体も、この限界に全ての他者が到達することを知っている。それゆえに、どの個体も、自分自身もまたいずれ必ず、その限界に到達することを知っている。少なくとも、これらの二つの［C］があるとき、死は圧倒的に特異な出来事となり、死者は埋葬の対象となるのではあるまいか。

6 この生の「限界」という感覚が、つまりここに絶対的な境界線があるという直感が、次なる展開への伏線——（十分条件ではないにせよ）必要条件——になる。「限界」がある以上は、「限界の向こう側」があるはずだ、と。ネアンデルタール人が、「死後の世界」についての表象をもっていたとは思えない。彼らは、死後の世界についてのいかなるイメージも、いかなる概念ももってはいなかっただろう。が、それでも、遺体に、たとえばハンドアックスを伴わせたとき、死んだ仲間が向かう先への、すなわち死という限界を超えたところへのかすかな予感がそこに作用してはいないだろうか。いずれにせよ、繰り返せば、ネアンデルタール人は、死後の世界を明瞭に思い描いたりはしなかった。彼らが、そのような想像力を発揮しなかった——いやできなかった——ことには、はっきりとした原因がある。

7 現生人類の、つまりわれわれの死の観念は、ここまで述べてきたネアンデルタール人のそれとは、ある一点において異なっている。その違いが、現生人類がしばしば、さまざまなタイプの「死後の世界」の表象をもちうる条件と関連している。「死後の世界」の表象は、現生人類の死の観念の必然的な随伴物だというわけではない。「死後の世界」の表象を持たないことも、十分に可能である。だが、現生人類の死の観念は、「死後の世界」の表象を生み出す余地を、つまりそのようなものが芽生えうる［D］を用意するのだ。どういうことなのか、順を追って説明していこう。【ア】

8 埋葬を始めたネアンデルタール人の死の観念の成り立ちについて、次のような論理の順番が自然である、と述べた。すなわち、人は、まず他者の死が不可避であるという認識を基礎にして、ここから、自己の死もまた必然である、と推測するのだ、と。だが、よく考えてみると、「他者の死」と「私の死」とは、似ているところはまったくない。②前者から後者への推論には、無限の飛躍がある、と言わねばならない。われわれは他者の死に立ち会うことはできる。この体験は、「私の死」と似ているだろうか。ほんのわずかも似たところなどない。私の死は、そもそも体験することなど不可能だからだ。私にとって、私自身の死は、体験される出来事ではない。「死の恐怖」に対抗するための格言、エピクロスが語ったとされている格言には、圧倒的な真実が含まれている。「死に恐れなくてはならないものは何もない。というのも、あなたが生きている間は、あなたは死んではおらず、あなたが死んだときには、あなたは何も感じないのだから」。

9 だから、他者の死をめぐる体験から自己の死の必然性を認識するときには、後者の「自己の死」は、私にとっての私自身の死ではありえない。それは実のところ、他者の観点からの私の死である。私は、私の身体の外に視点を設定し、そこから自分の死を眺めているのである。それは、私自身にとって私の死がどのようであるか、ということではない。【イ】

10 だが、われわれが、つまり現代の人間が、「死」を思うとき、それは、このような外から目撃された死ではない。それは、私の内から捉えられた私自身の死である。つまり、ネアンデルタール人に関して、われわれが類推した論理の順序「他者の死→自己の死」は、現生人類における死の観念においては、完全に逆転しているのだ。われわれが死を思ったり、死に恐怖を感じたりするときに、主題になっているのは、もちろん、「私の(私自身にとっての)死」である。「他者の死」の方こそ、そこからの派生態だ。つまり、それは「他者」が「私」だったとしたときに現れる死である。論理の順序は、いまや「私の死→他者の死」となっている。だが、それはいかにして可能だったのか。私にとって、私自身の死が無であり、体験不可能だとしたら、どうしてこのような順序の論理の［E］がありえたのか。

11 ③ここで、初期ヴィトゲンシュタインが述べていることが手掛かりを与えてくれる。『論理哲学論考』の命題六・四三一一で、こう言われる。「死は人生のできごとではない。ひとは死を体験しない」。この命題の趣旨は、われわれが今しがた――エピクロスの格言を引きながら――述べてきたこととまったく同一である。同じ六・四三一一の項の中で、次のようにも主張される。「視野のうちに視野の限界は現れないように、生もまた、終わりをもたない」。私の視線が及ぶ全範囲が視野である。その視野の中に、「視野の限界」が対象として現れることはない。つまり、われわれは、「視野の限界」なるものを視野の中に見ることは絶対にありえない。視野の中の対象は、定義上、「視野の限界」ではないからだ。これと正確に同じ理屈で、私の生の中に「終わり(私の死)」は含まれない、というわけである。

12ここで、ヴィトゲンシュタインをさらに超えて考えなくてはならない。確かに視野の中に視野の限界が対象として現れることは絶対にない。だが、それならばどうして、われわれは、自分の視野に限界があることを知っているのか。視野が、私の視線が及ぶ全範囲であるにもかかわらず、私が、この「全範囲」であるところの視野がなお「全てではない」と直感しているからである。視野の向こう側に何かがもっと見えているから、この視野が全てではない、と感じるわけではない。見えている全ては、この視野の中にあるのに、なおこれだけではない、これは未だ全てではない、とも人は感じているのである。そのため、人は、視野の限界を決して見ることがないのに、自分の視野に限界があることを知るのだ。【ウ】

13同じことを時間の次元で捉えれば、死、私の死についての知ということになる。私は、（生の）終わりを体験することはない。私が体験することの全ては、生のうちにある。にもかかわらず、私は、これが全てではない、と直感している。このあらゆる体験の総体としての生に対する余剰分が、死である。私は、決して、（私の）死を体験しない。それにもかかわらず、私は、否定的な仕方で、体験されることの全てに対してなお「尽きない」という形式で、「私の死」なるものの存在を知ることとなる。【エ】

14「死後の世界」についての多様な表象が生まれうる原因はここにある。生のうちに体験されていることがなお全てではない、とするならば、その全てを超えてあるところのものが何であるか、積極的に表象し、それを描いたらどうなるのか。それこそ、死後の世界となるだろう。だが、もともと、「死後の世界」が具体的・積極的に体験されているわけではない。まずあるのは、何ごととしても体験されず、何ものとしても見られてはいない余剰である。それは、何も描かれていない白紙のようなものである。だから、原理的には、その上に何を描くことも、何を書くこともできる。【オ】

15ヴィトゲンシュタインが述べたように、人は死（後）を体験しない。死（後）を見ることもない。しかし、生は、人に「死後の世界」を書き込むように、いわば誘惑している。ヴィトゲンシュタインを経由したことによって、「死」についての主題を、より一般的な文脈へと拡張することが可能になる。述べてきたように、現代の人間は、「死」を、チンパンジーとも、また（埋葬という慣行をもつようになった）ネアンデルタール人とも異なったかたちで知ることになる。このことは、（人間における）「私」ということのアイデンティティ、「私はまさにこの私である」という最も基本的なアイデンティティの構成と関係している。

16私は、結局、私が体験したこと、体験しうることの総体によって定義されるほかない。私が視野の限界や視野の外を見ることがないように、私は、私自身の生を超えた何ものも体験しない。だが、そうだとすると、人間はどうして、「私は私である」「私はほかならぬこの私である」という私のアイデンティティについての自覚を得るのだろうか。アイデンティティは、常に「差異」と表裏一体の関係にある。「私は私である」という自覚に至るためには、私は「私ならざるもの」との差異を感覚し、体験しなくてはならない。だが、私が体験することの全ては「私(の生)」のうちにあり、「私ならざるもの」ではありえない。それならば、どうして、「私は私である」という確信に至りうるのか。

17 ここでまたしても、同じ論理が作用する。私が全てを体験しているまさにそのとき、そしてそのときにのみ、私は同時に、この全てに尽くされていないものを、つまりは「私ならざるもの」を直感する。言い換えれば、「私＝私」というトートロジーの体験を通じて、「非私」が余剰のように発生する。この「非私」との差異を通じて、「私はほかならぬこの私である」という自覚に人は達するのだ。これは、私が「私の死」を知るやり方と同じである。このことを考慮に入れると、次のように言うこともできる。④人間は、死を知ることにおいて、「私」というアイデンティティをも得るのだ、と。

18 人間は、「死」を知っている。誰もが、つまり他者も私も必ず死ぬ、と。この命題を、「他者の死」をベースにして理解をしているのか、それとも「私の死」をベースにして理解をしているのか。ネアンデルタール人と現生人類は、⑤この点に違いがあるのではないか、という仮説を提起してきた。ネアンデルタール人にあっては、「他者の死→自己の死」という順序だが、現生人類では、「私の死→他者の死」という順序になる。もっとも、ネアンデルタール人の場合も、遺体を、埋葬品とともに葬るとき、はっきりとした自覚なしに、この順序が反転しようとしている。

19 「死」を、「私の死」の方から知るとき、「死」という語によって指示されていることがらは、本来、体験内容としてはまったく無である。たとえば、「私は海を知っている」というとき、人は、この言明を、海についてのイメージや海で遊んだときの記憶や、あるいは「海」という概念によって充実させることができる。だが、「死」に関しては、そうなってはいない。「死」に関して私は何も体験してはおらず、体験することが原理的に不可能なのだから。

20 この事態についての説明を、次のように言い換えることもできる。直接の体験としては無であるとすれば、人はただ、言語を通じてのみ、死にアクセスすることができるのだ、と。われわれは、体験可能なものの領域を超えている「死」について語ることによって、死について何かを知っていると実感することができ、また死に対して恐れを抱いたりもするからだ。

21 だが同時に、こうも言える。言語は死に対する防御策でもあり、言語のおかげで、人は、真の死に対面せずに済んでいるのだ、と。私の死は、どのような体験の可能性も及ばない無の深淵である。しかし、その「無」を指し示す言語記号《シニフィアン》をもつことによって、われわれは、それが無ではない積極的な「何か」であるという幻想をもつ。だから、言語は、死そのものに直面することを回避するスクリーンである。結局、言語は、それを回避するという否定的な仕方を通じて、それへの接近を可能なものにしているのである。

(設問の都合上、一部省略・変更した。)

内容の理解

思考力・判断力・表現力

1 本文中の空欄A～Eにあてはまる最も適当な語句を次からそれぞれ選びなさい。（記号は一度だけ用いること）

ア 異質　イ 温存　ウ 境界　エ 状況　オ 条件
カ 進化　キ 増幅　ク 展開　ケ 同種　コ 土壌

A〔　〕　B〔　〕　C〔　〕
D〔　〕　E〔　〕

2 次の一文は、本文中の【ア】～【オ】のどこに入れるのが適当か。最も適当なものを選び、記号で答えなさい。

こうした事情が、死後の世界の無限の多様性をもたらす。　〔　〕

3 傍線部①の「そのような性質」とはどのような性質か。本文中から十字以上十五字以内で抜き出しなさい。

4 傍線部②「前者から後者への推論には、無限の飛躍がある、と言わねばならない。」とあるが、筆者がこう述べるのはなぜか。その理由を、「体験」という語句を用いて四十五字以内で書きなさい。

5 新傾向 本文を読んだ生徒が、8～10段落の内容をもとに、ネアンデルタール人と現代人の死の観念を図で示して整理した。これについて、次の問いに答えなさい。

死の観念

ネアンデルタール人…「他者の死→自己の死」
⇔逆転
現代の人間…………「私の死→他者の死」
＝「私の死」の〔X〕・〔Y〕

ネアンデルタールの「自己の死」と現代の人間の「私の死」の違い
＝〔Z〕という違い

(1) 図の空欄X・Yにあてはまる語句を、Xは三字、Yは十五字以上二十字以内で本文中から抜き出しなさい。

X

Y

(2) 図の空欄Zにあてはまる内容を、四十五字以内で書きなさい。

6 傍線部③「ここで、初期ヴィトゲンシュタインが述べていることが手掛かりを与えてくれる。」とあるが、筆者がヴィトゲンシュタインの言葉を引用したのはどのような意図からか。次から選びなさい。

ア 「他者の死」が不可避であることから、必然的に「私の死」も不可避であることを解き明かす際の論拠とするため。

イ 「私の死」なるものの存在を知る方法を、視野に限界があることを知る方法と重ねて論じ、答えを得るため。

ウ 「私の死」についての考察の話題から、多様な表象が生まれる可能性がある「死後の世界」の考察へと話題を転換するため。

エ 人は死自体や死後を体験したり見たりできないということを改めて強く訴えて論の説得性を強めるため。

オ 「私の死」についての主題を、より一般的な『私』ということのアイデンティティへと展開させるため。 〔　　〕

7 筆者は二重傍線部「余剰」という語彙を繰り返し用いているが、どのような意味で使っているのか。次から選びなさい。

ア 「他者の死」を経験することで、死を思ったり、死に恐怖を感じたりするときに生じる、死を受け入れる精神的余裕という意味。

イ 自分の生が終わった後、「私の死」を超えて現生とは異なるものとして存在する死後の世界という意味。

ウ 生のうちには体験できないもので、人がまったく感じることができない到達不能の未知の段階という意味。

エ 人が生のうちに知覚し体験する総体の外にあって、自分の体験が全てではないと直感することのできる領域という意味。

オ 体験内容をまったく含まない「死」という言葉に対し、イメージや記憶によってそれを充実させることのできる観念という意味。 〔　　〕

8 傍線部④「人間は、死を知ることにおいて、『私』というアイデンティティをも得る」とあるが、このように言えるのはなぜか。次から選びなさい。

ア アイデンティティは「私は私である」という自覚に至ることをさし、「死後の世界」の多様な表象を直感し、そこから今の自分との差異を体感することで「私は私である」と自覚できるから。

イ アイデンティティは「私はほかならぬこの私である」という確信が必要で、「私の死」を直感することで自らの生の固有性を自覚し、唯一無二の存在であると納得できるから。

ウ アイデンティティは「私ならざるもの」との差異を感覚し、体験することで得られるもので、死を知ることも「私ならざるもの」を直感することに通じるから。

エ アイデンティティは「差異」と表裏一体の関係であり、死を知ることで生と死の差異を知って境を明確にすることで、自己の輪郭を決定づけられるようになるから。

オ アイデンティティは他者との差異を体験することが必要で、他者の死を経由して「私の死」を知ることにより他者と自分の差異を実感できるようになるから。 〔　　〕

9 傍線部⑤「この点に違いがある」とあるが、ネアンデルタール人と現生人類とはどのような違いがあるというのか。四十五字以内で書きなさい。

10 人の「死」の認識の仕方に対して、言語はどのような働きをするというのか。次から選びなさい。

ア 死を実感し恐れを抱かせるという形で接近可能なものにすると同時に、死を積極的な「何か」と捉えて死に直面することを回避させる働き。

イ 死を言語記号によって表すことで不可視である死を可視化すると同時に、死に対する恐れを和らげて、死後も生が続くような幻想を与える働き。

ウ 死を接近可能なものとして認識させると同時に、死は体験可能なものであると錯覚させることで、死を否定的に認識させる働き。

エ 死を「無」を指し示す言語記号化することで、「死」を幻想的なものとして捉えさせると同時に、回避可能であるという認識を与える働き。

オ 「死」について語ることによって真の死を知ったと実感させると同時に、体験不可能な死を体験したという錯覚を起こさせる働き。 〔　　〕